Drei Mal Horaz

Eine Auswahl von Horaz-Oden,
zum Ersten im Original,
zum Zweiten seriös übertragen,
zum Dritten mehr oder weniger salopp
travestiert und kommentiert von

Klaus Hager

Herstellung und Verlag:
BoD - Books on Demand, Norderstedt
ISBN 978-3-7347-3346-8

Eine kleine Hommage an meine Schule,
das Gymnasium Casimirianum in Coburg
und (leider posthum)
an meine damaligen Lateinlehrer,
Dr. Knorr und Dr. Oppel
die nicht immer die reine Freude mit mir hatten.

Vorgeschichte

Vielleicht will mich der ein oder andere jetzt das fragen, was mich schon etliche gefragt haben: „Sag mal, wie kommt denn so ein simpler Dorfdoktor wie du dazu, so was zu machen? Horaz übertragen?

Das müsste ich mich fast selber fragen! Meine Schulzeit liegt zwar jetzt schon sehr lange zurück – 2014 waren es fünfzig Jahre, dass ich mein Abitur gemacht habe - aber ich kann mich noch sehr gut erinnern, dass ich da zum Leidwesem meiner Lehrer nie besonderen Eifer an den Tag gelegt habe.

Herr Dr. Knorr, mein erster Klassenlehrer am Gymnasium, hat mir schon in meinem ersten Jahreszeugnis schriftlich gegeben: „Er müsste mehr Einsatz zeigen, dann könnten seine Leistungen noch wesentlich besser werden", und Herr Dr. Oppel, mein Klassenlehrer der letzten drei Jahre, hat mich immer wieder gemahnt: „Hager! Sie sind so einer von denen, die mehr könnten, wenn sie nur wollten! Wollen Sie denn nicht?"

Ich gab darauf nur ein leicht verlegenes, etwas unartikuliertes Grunzen von mir. Herr Dr Oppel war resigniert: „Offensichtlich nicht! Dem unwilligen Brummen nach zu schließen!"

Wieso entfalte ich diesen Eifer, den meine Lehrer damals immer wieder so vergeblich angemahnt haben, jetzt auf einmal mit fünfzigjähriger Verspätung?

Den ersten Anstoß dazu bekam ich etwa zwanzig Jahre nach meinem Abitur. Da kramte ich mal in so einer antiquarischen Bücherkiste, wie sie die Buchhändler ja oft vor ihrer Türe stehen haben und fischte da eine zweisprachige Horaz-Ausgabe heraus.
Ich blätterte darin, ich las. Nun, wo ich ja über zwei Jahrzehnte lang mit Horaz und seinen Kollegen gar nichts mehr am Hut hatte, nun erwachte plötzlich ein Interesse, wie ich es in der Schule nie gespürt hatte.
Ich begann richtig neugierig in dem Buch zu lesen; und besonders interessiert wurde ich, als ich dann im Vorwort des Herausgebers las, er habe bei seinen Übertragungen, nicht versucht, den Horaz ins Deutsche zu übersetzen, sondern das Deutsche in den Horaz.
Da nahm ich mir das Buch mal mit. Ich wollte doch mal sehen, wie der das wohl gemacht hätte: Das Deutsche in den Horaz übersetzen?
Aber beim Lesen kam ich sehr bald zu der Überzeugung: Na, damit hat er dem Dichter aber keinen besonders guten Dienst erwiesen!
Mir war zwar bald klar, was er damit gemeint hatte: „Das Deutsche in den Horaz übersetzen". Er hatte hier ganz offenbar die übertragenen Oden im Deutschen in dasselbe Versmaß gesetzt, das Horaz im lateinischen Original verwendet hat. Dadurch entstanden aber sehr oft Wendungen die furchtbar gedrechselt, ja manchmal sogar richtig komisch klangen, weil man im Deutschen halt einfach so nicht sagt. Man sagt doch nicht:

Du siehst, wie im tiefen Schnee weiß dasteht
der Soracte,
und wie nicht mehr die Last aushalten die Wälder
voll Mühsal,
und die Flüsse erstarrt sind vom Frost, dem scharfen.

Das klingt doch irgendwie komisch! Ein Nicht-Lateiner, der noch nie etwas von einem alkäischen Versmaß oder so gehört hat, wird da sicher nur befremdet den Kopf schütteln.
Etwas später fand ich dann in einer kleinen Anthologie eine andere Übertragung dieser Soracte-Ode. Da hatte es der Übersetzer genau umgekehrt gemacht. Der hatte den Horaz ins Deutsche übertragen und weil nun mal in deutschsprachigen Gedichten der Reim vorrangig gebräuchlich ist, hatte er ihn in Reime gesetzt. Bei dem klang das so ähnlich:

Du siehst, wie des Soracte schroffer Felsengipfel
Steht tief verhüllt in Winterweiß.
Vom Schnee beladen biegen ächzend sich der Bäume Wipfel.
Die Flüsse liegen starr vom scharfen Frost in Eis.

Das hörte sich für mich aber wesentlich besser an! Hier hatte ich sofort das Gefühl: Hätte Horaz diese Ode in Deutsch gedichtet, dann vielleicht so. So könnte sie sicher auch einem Nicht-Lateiner gefallen.
In dem kleinen Buch waren aber nur die ersten drei Strophen drinnen. Schade! Ich hätte sehr

gerne mal die ganze Ode, so ins Deutsche übertragen, gelesen. Aber der Herausgeber hatte leider nicht angegeben, wo er das her hatte.
Ich machte mich daher auf die Suche nach seiner Quelle, fragte in Buchhandlungen immer wieder mal nach Horaz-Oden, in Reimen ins Deutsche übertragen; man war dort auch meistens sehr bemüht, mir weiter zu helfen, ich wurde dabei aber trotzdem niemals fündig und nach dem vierten oder fünften Fehlversuch kam ich schließlich auf die vielleicht etwas verrückte Idee: „Dann mach ich das halt einfach selber!"
Ich habe das dann auch tatsächlich getan, habe es erst einmal mit dieser Soracte Ode probiert und habe die vervollständigt. Die klang dann in meiner Fassung so:

Du siehst, wie des Soracte schroffer Felsengipfel
Steht tief verhüllt in Winterweiß
Vom Schnee beladen biegen ächzend sich der
Bäume Wipfel
Die Flüsse liegen starr vom scharfen Frost in
Eis.

Vertreib die Kälte, leg im Ofen ein
Die dicken Hölzer, nimm davon genug,
Und schenk mir reichlich ein den köstlichen
Sabinerwein
O Thaliarch, aus der Diota, dem
Zweihenkelkrug!

Lass ruhig den Rest den Göttern, die indessen
Den Sturm beruhigten, der da tobte auf dem wilden Meer,
Sieh hin, ruhig stehen wieder die Zypressen
Und auch die alten Eschen biegen sich nicht mehr.

Was morgen sein wird, solltest du nicht fragen,
Ein jeder Tag, den dir das Schicksal schenkt, sei dir Gewinn,
Des Lebens Freuden solltest du dich nie versagen,
Genieß das Jungsein, gib dem Tanz dich hin.

Solang die fahle Gräue dir noch fern, die Jugend dir noch lacht
Find dich zur rechten Zeit am rechten Platze ein,
Beim leisen Flüstern in der dunklen Nacht,
Zum heimeligen Stelldichein.

Horch auf des Mädchens Lachen im Versteck,
Willkommener Verräter ist es dir, fang sie dir ein.
Streif ihr als Pfand den Reif vom Arm ganz keck,
Der nur noch schwach sich sträubt – und sie ist dein!

Das hatte mir sehr großen Spaß gemacht. Ich bekam da richtig Lust auf mehr, sodass ich mich noch an weiteren Oden vergriff!

Damals stand ich aber noch voll im Beruf und da fehlte mir einfach die Zeit, das intensiver zu betreiben. Es lief nur „kleckerlesweise", wie der Volksmund sagt und schlief dann irgenwann mal ganz ein.

2011 aber ging ich in Rente. Jetzt hatte ich Zeit! Und weil man ja immer sagt, man solle sich als Rentner mit etwas beschäftigen, das Spaß macht, sonst werde man depressiv oder ginge seiner Frau gewaltig auf die Nerven, im schlimmsten Fall beides, machte ich mich wieder an den Horaz.

Jetzt, wo ich genügend Zeit hatte, ging es auch zügig voran. Bald hatte ich die ersten zehn Oden beisammen und erinnerte ich mich dann wieder an meine Lehrer von einst. Was würden die wohl jetzt sagen, der Herr Dr. Oppel und der Herr Dr. Knorr, wenn sie den Hager sehen könnten, den zwar guten, aber doch recht trägen, nur mäßig interessierten Schüler, wie der fast fünf Jahrzehnte nach seinem Abitur auf einmal mit Eifer Horaz-Oden überträgt? Das würde sie doch sicher freuen?

Aber dabei kamen mir doch auch Zweifel, ob denen mein später Eifer wohl so restlos gefiele? Der Reim war ja bei den antiken Dichtern völlig ungebräuchlich, den kannten die praktisch gar nicht! Die dichteten in Versmaßen und gerade Horaz ist dafür bekannt, dass er besonders kunstvolle gebraucht hat!

Er selber erwähnt das sehr stolz: In der Ode III.30. Da rechnet er es sich selber als großen Verdienst an, als erster in die lateinische

Dichtung die bis dahin dort unbekannten äolischen Versmaße übernommen zu haben. Er ist darauf so stolz, dass er das Wort „superbia" dafür verwendet, ein Wort, das in seiner Bedeutung ja auch „Hochmut" und „Prahlerei" mit einschließt. Und dieses Wort setzt er hier ganz bewusst! Das sieht man daran, dass er gleich im nächsten Vers Melpomene, die Dichtermuse, bittet, sie möge ihm seine Superbia nachsehen - „*Sume superbiam quaesitam meritis*", sagt er da. "*Entschuldige bitte, wenn ich mir darauf was einbilde!*" so etwa könnte man das frei übersetzen. Darf man dann gerade ihn in Reime setzen?

Diese Frage würden meine Lehrer von einst wohl eher mit „Nein!" beantworten. Das wäre in ihren Augen wohl ein Verstoß gegen eine Regel, die sie uns damals immer und immer wieder eingeprägt, ja richtig „eingebläut" haben: „Übersetze so wörtlich wie möglich und nur so frei wie nötig!"

Aber diese Regel wollte ich ohnehin nie akzeptieren! Als Schüler schon mal gleich gar nicht! Da sah ich mich nur einer schönen Möglichkeit beraubt, so ein bisschen zu mogeln. Mit solch einer „freien Übersetzung" könnte man ja manchmal Unsicherheiten, vielleicht sogar Unwissen, ganz elegant vertuschen. So denkt man nun mal als Schüler und ist dann entsprechend sauer, wenn man mit Bestimmungen konforontiert wird, die einem das verbieten.

Als ich das Abitur hinter mir hatte und erwachsen wurde, dachte ich da aber auch nicht um. Sonst sah ich da sehr oft einmal ein, dass das, was uns die Lehrer seinerzeit in der Schule beibringen wollten, schon richtig war, auch wenn wir so manches nicht so ganz akzeptieren wollten; aber bei dieser Regel hier bin ich stur geblieben: Nein! Umgekehrt sollte man es machen! So frei wie möglich und nur so wörtlich wie nötig! Und jetzt, als ich diese „Übertragung des Deutschen in den Horaz" las, da sah ich mich in meiner Ansicht noch einmal voll bestätigt.

Du siehst, wie im tiefen Schnee weiß dasteht der Soracte,
und wie nicht mehr die Last aushalten die Wälder voll Mühsal,
und vom Frost die Flüsse erstarrt sind, vom scharfen.

Übersetze so wörtlich wie möglich, schön und gut, aber das darf doch nicht so weit gehen, dass man dabei seine eigene Muttersprache vergewaltigt! Und das tut der hier!

Du siehst, wie des Soracte schroffer Felsengipfel
Steht tief verhüllt in Winterweiß.
Vom Schnee beladen biegen ächzend sich der Bäume Wipfel.
Die Flüsse liegen starr vom scharfen Frost in Eis.

das klingt doch wirklich wesentlich besser! So übertragen, könnte die Ode wohl auch einem Nicht-Lateiner gefallen.

Ich denke auch nicht, dass man dem Horaz Gewalt antut, wenn man ihn in Reimen ins Deutsche überträgt. In deutschsprachigen Gedichten – besonders bei Oden wie hier – ist nun mal der Reim üblich und kein alkäisches oder sonstiges Versmaß und wenn Horaz sich in der Ode III.30 sogar selber rühmt, in die lateinische Dichtung bis dahin unbekannte Versmaße übernommen zu haben, dann zeigt er sich damit doch für etwas Neuses sehr aufgeschlossen! Wer weiß? Vielleicht hätte ihn ja auch der Reim, wenn er ihn mal kennengelernt hätte, so angesprochen, dass er es damit auch einmal versucht hätte!

Ich übertrug also eifrig so weiter und jetzt, als ich genügend Zeit hatte, fing das Ganze an, so richtig auszuarten. „Das ist der Fluch der bösen Tat, dass sie fortzeugend neue muss gebären", lässt Schiller ja seinen Wallenstein sagen. Mit meiner Idee, Horaz-Oden zu übertragen, lief das jetzt ganz ähnlich – die gebar auch „fortzeugend neue".

Zum Stoffsammeln surfte ich im Internet, und dabei stieß ich ganz zufällig auf die herrlichen Travestien, die Christian Morgenstern von einigen Horaz-Oden gemacht hat. Die gefielen mir so gut, dass ich dachte: „Das könntest du eigentlich auch noch machen!"

Daher bringe ich jetzt jede Ode im Dreierpack: Zum Ersten den lateinischen Originaltext für die Kenner, dann versuche ich zum Zweiten, den wenigstens einigermaßen seriös zu übertragen – „so wörtlich wie möglich", wobei ich natürlich ab und zu mal durch den Reim gezwungen bin, doch etwas vom Originaltext abzuweichen; z. B. in der Ode I.19. Da schwärmt Horaz von einer gewissen Glycera, deren Schönheit er „schöner als Parthischer Marmor" erscheinen lässt. Die lasse ich „heller als tausend Sonnen" strahlen. „Sonnen" reimt sich nun mal sehr gut auf die „Wonnen", die diese schöne Glycera bei Horaz erregt. Aber finde mal einer einen guten Reim auf „Marmor"!

Zuletzt bringe ich dann die Travestie - „So frei, wie eigentlich nicht nötig" - Der Meinung wäre sicher mein guter Dr. Oppel. Dem wären meine „freien Übersetzungen" wohl oft mal gar zu salopp.

Ich erinnere mich noch, dass er mich nach einem Referat mal etwas getadelt hat: „Ihr Vortrag war inhaltlich recht gut. Aber Sie verwenden mir noch zu viele Ausdrücke von der Straße. Das sollten Sie sich mal abgewöhnen." Und wenn ich dann zum Beispiel den Schluss der Ode I.11, das berühmte *„carpe diem, quam minima credula postero!"* so bringe: *„Genießen wir den Tag und stillen unseren Durst / Und was der nächste bringt, ist uns doch Wurst!"*, dann höre ich meinen alten Lehrer schon förmlich: „Aber Hager, so können Sie doch nicht Horaz übersetzen wollen!"

Und zum Schluss wurde ich dann ganz vermessen! Ich bildete mir doch tatsächlich ein, wenn ich den Horaz in Reimen ins Deutsche übertrage, und ihn dann auch noch travestiere, könnte ich ihn vielleicht auch für ein paar Leute (wieder) interessant machen, die sich früher auf der Schule nur mal so halbherzig wie ich damit beschäftigt, oder vielleicht sogar mit seiner Dichtung im Original noch gar keine Bekanntschaft gemacht haben.

Und weil manche Passagen in diesen Oden für jemanden der nicht unbedingt ein Kenner ist, etwas schwer zu verstehen sind, bringe ich - als Zugabe so quasi – ein paar kleine Erläuterungen, mehr im unterhaltsamen Plauderton dazu. Das hat unser Dr. Knorr im Unterricht bei uns immer getan und konnte damit selbst bei unserem desolaten Haufen doch ein gewisses Interesse wecken.

Ab und zu füge ich dann auch noch ein paar neugescheite Fußnoten und Kommentare zum Text mit an. Die meisten davon habe ich natürlich irgendwo abgeschrieben, vorwiegend aus Karl Numbergers Lehrerkommentar, den ich mir extra dazu preiswert über das Internet besorgt habe. Aber wenn man abschreibt, das offen zugibt und auch sagt bei wem, dann ist das ja in Ordnung, das darf man. Da dürften selbst die kleinkarierten Erbsenzähler, die seit der Affäre Guttenberg immer eifriger tätig werden, nichts dagegen haben.

Und zum guten Schluss ist mir noch zu ein paar wenigen Oden ein „Ähnliches" oder auch ein „Gegensätzliches" von anderen Dichtern dazu eingefallen und jetzt hoffe ich, das alle die, die das lesen, wenigstens etwas Spaß daran haben.

Selbstporträts

Der Dichter stellt sich vor. In den Oden dieses Abschnitts zeigt Horaz, wie er sich selber sieht und auch gesehen werden will - als Lyriker.

I.32 Präsentation
Poscimur. Siquid vacui sub umbra

Poscimur. Siquid vacui sub umbra
lusimus tecum, quod et hunc in annum
vivat et plures, age, dic Latinum,
        barbite, carmen,

Lesbio primum modulate civi:
Qui ferox bello tamen inter arma,
sive iactatam religarat udo
        litore navim,

Liberum et Musas Veneremque et illi
semper haerentem puerum canebat,
et Lycum nigris oculis nigroque
        crine decorum.

O decus Phoebi et dapibus supremi
grata testudo Jovis, o laborum
dulce lenimen, medicumque, salve
        rite vocanti

So wörtlich wie möglich:

Horaz schreibt seine Oden meistens „in Briefform", er spricht irgendjemanden direkt an, so, wie man das in einem Brief tut. Der Ansprechpartner hier ist keine Person, sondern seine Leier, zu der er jetzt eine alte Weise erklingen lassen will.
Horaz hat seine Werke allerdings nie tatsächlich zur Leier vorgetragen. Die Experten bezweifeln, dass er überhaupt ein Musikinstrument gespielt hat.
Wenn er dann von dieser rein fiktiven Leier sagt, sie sei ein altes Instrument, das einst auf Lesbos hergestellt sei, dann gibt er uns damit einen sehr interessanten Hinweis auf die Wurzeln seines dichterischen Schaffens: So wie er diesen Mann, der die Leier gebaut haben soll, beschreibt, dürfte damit der Dichter Alkaios gemeint sein. Der lebte auf Lesbos und wird zum Kreis der Sappho gerechnet. An ihm und auch an Sappho selber hat Horaz sich sehr stark orientiert.

Ich werde aufgefordert, euch ein Lied zu singen,
Das heute klingt so wie in alten, fernen Tagen.
Ich lass die Weise in Latein erklingen.
Dich, meine alte Leier will ich dazu schlagen.

Mein altes Instrument, auf Lesbos einst geschaffen,
Von einem Mann, dem selbst in schrecklicher Gefahr,
Im Schiffbruch, wildem Krieg, im Kampfe und in Waffen
Ein schönes Lied zu singen doch gegeben war.

Er hat Dionysos und auch die Musen reich besungen,
Sowie Frau Venus in Begleitung ihres kecken Knaben,
Dem schönen Lykos ist so manches Lied von ihm erklungen,
Des Augen und des Haar so schwarz wie Raben.

Du, Zier des Phoebos, (1) du verschöntest schon das Mahl
des höchsten Jupiter mit deinen holden Klängen.
Du süße, lindernde Arznei bei Mühsal, Schmerz und Qual,
Sei mir gegrüßt, gib mir den rechten Ton zu meinen Sängen.

> (1) damit ist wieder die Leier gemeint. Phoebos Apollon spielte der Sage nach mit seiner Leier dem Zeus (Jupiter) zum Mahle auf

So frei wie eigentlich nicht nötig

Horaz redet ja am Anfang seiner Ode von einer alten Leier, zu der er sein Poem erklingen lassen will. Ich rede jetzt von einem alten Buch, in dem ich seine Oden finde.
Die Leier bei Horaz ist nur fiktiv, das alte Buch habe ich aber tatsächlich: Eine Ausgabe aus dem Jahre 1755. Ein Erbstück von meinem Ur-Ur-Großvater. Fiktiv ist allerdings auch bei mir, dass ich daraus meine Texte zum Übertragen hole. Das mache ich ganz zeitgemäß über das Internet.

Ich fand in meinem Bücherschrank ein altes Buch,
Das liegt vor mir jetzt aufgeschlagen,
Drin find ich Oden von Horaz, ich mache den Versuch,
Sie mal, wie Goethe sagt, „in mein geliebtes Deutsch zu übertragen".

Horaz, so scheint es mir beim Lesen,
Ließ sich die Sonne aus dem Herzen nicht vertreiben.
Sind auch die Zeiten oft mal schwer und hart für ihn gewesen,
War´s ihm gegeben, frohe Lieder noch zu schreiben.

Vom Wein und von der Liebe singen manche seiner Lieder,
Vom frohen Mahl, von Tanz und Scherz,
Besinnlich, philosophisch sind sie hin und wieder,
Manchmal satirisch, manchmal was für´s Herz.

Das Übertragen dieser Oden macht mir großen Spaß,
Auf dem Gymnasium hab ich das verflucht, wie ehrlich ich bekenne,
Und schließlich werd ich so vermessen, dass
Ich mich Klaus Horatius Hager nenne.

I.6 Abgrenzung
Scriberis Vario fortis hostium

Scriberis Vario fortis hostium
Victor, Maoeonii carminis alite
Quam rem cumque ferox navibus, aut equis
    Miles, te duce gesserit.

Nos Agrippa neque haec dicere, nec gravem
Pelidae stomachum cedere nescii
Nec cursus duplicis per mare Ulissei,
    Nec faevam Pelopis domum.

Conamur, tenues grandia: dum pudor,
Imbellisque lyrae Musa potens vetat
Laudes egregii Caesaris tuas,
    Culpa deterer ingenii.

Quis Martem tunica tectum adamantina
Digne scripserit ? aut puluere Troico
Nigrum Merionem ? aut ope Palladis
    Tydiden superis parem

Nos convivia, nos proelia virginum
Sectis iuvenes unguibus acrium
Cantamus, vacui sive quid urimur
    Non praeter solidum leves.

Agrippa, der Adressat dieser Ode, war der Schwiegersohn des Kaiser Augustus. Er war seinerzeit ein sehr bekannter Feldherr und hatte Horaz anscheinend aufgefordert, doch mal ein Epos über seine großen Heldentaten zu schreiben.
Horaz wehrt mit dieser Ode dieses Ansinnen ganz charmant ab. Das, meint er, könne er als Lyriker nicht, dafür wäre wohl eher ein Mann wie Homer geeignet. Aber da der ja schon lange tot ist, empfiehlt er dafür den Varius.
Varius war zu Horaz Zeiten in Rom als Dichter sehr bekannt. Er dichtete solche großen Helden-Epen im Stile Homers. Er hat auch, zusammen mit Vergil Horaz mit Mäcenas bekannt gemacht.

So wörtlich wie möglich

Lass einen Varius preisen wie Homer
Mit Heldenliedern all die ruhmesreichen Siege,
Die unser großes und gewaltiges, römisches Heer
Zu Schiff, zu Ross, von dir geführt, erfocht im Kriege. (1)

Ich bin, Agrippa, nicht gemacht zu solchen großen Dingen,
Kann nicht den schlimmen Zorn des Peleussohn Achill,
Auch nicht Odysseus Irrfahrt auf dem Meer besingen, (2)
Noch von des Pelops Schreckenshaus (3) ich künden will.

Als Lyriker eracht ich mein Talent zu klein
Für große Epen, kündend stolzes Heldentum.
Stimmt ich mit meiner schwachen Leier mit darein,
Ich schmälerte nur deinen und des Cäsar (4) Ruhm.

Wer pries mit seinen hohen Sangesweisen
Gott Mars in goldner Rüstung und im Siegerkranz,
Tat schwarz von Trojas Staub den Meriones preisen,
Sowie des Thydeus Sohn, dem gab Athene Götterglanz? (5)

Ich aber sing von andren Kämpfen, die man führt mit scharfen Waffen,
Der Mädchen spitze Nägel machen manchem Jüngling Schmerzen,
Dem frohen Mahl, sowie der Liebe gilt mein dichterisches Schaffen,
Manchmal aus Spielerei, doch oft aus vollem Herzen.

(1) Agrippa war tatsächlich ein genialer Feldherr, der für Augustus (Octavian) zu Wasser und zu Land viele Schlachten gewann
(2) Hinweis auf Homers Ilias und Odyssee.
(3) Darüber hatte eben dieser Varius ein Epos geschrieben, das in Rom damals sehr bekannt war.
(4) Gemeint ist Augustus

(5) Wieder ein Hinweis auf Homer. Alles Sagenstoff aus der Ilias

So frei wie eigentlich nicht nötig

Ich zählte mich nie zu den großen Dramendichtern,
Ich schrieb nie einen Faust, nie einen Wallenstein,
Mich zu vergleichen mit so hellen Lichtern,
Wie Goethe oder Schiller, ist mein lyrisches Talent zu klein.

Für große Epen bin ich auch nicht auserkoren,
Als Lyriker ist das kein Stoff für mich,
Bin auch als Dramendichter nicht geboren,
Tragödien wirkten bei mir eher lächerlich.

Drum lass ich solche hohen Werke lieber bleiben,
Den Hamlet oder einen König Lear,
Die lass ich besser einen Shakespeare schreiben,
Dem war´s gegeben, doch bestimmt nicht mir.

Ich finde meinen Stoff meist in der Kneipe,
Beim Trinken, beim Gesang, bei Liebesscherzen,
Entstehen meine Lieder, die ich schreibe;
Die dicht ich manches Mal aus Spaß, doch meist aus vollem Herzen.

I.31 Dichterträume
Quid dedicatum poscit Apollinem

Quid dedicatum poscit Apollinem
vates? quid orat de patera novum
fundens liquorem? non opimae
Sardiniae segetes feracis

non aestuosae grata Calabriae
armenta, non aurum aut ebur Indicum,
non rura, quae Liris quieta
mordet aqua taciturnus amnis

premant Calenam falce quibus dedit
fortuna vitem, dives et aureis
mercator exsiccet culillis
vina Syra reparata merce,

dis carus ipsis, quippe ter et quater
anno revisens aequor Atlanticum
inpune. me pascunt olivae,
me cichorea levesque malvae.

frui paratis et valido mihi,
Latoe, dones et, precor, integra
cum mente nec turpem senectam
degere nec cithara carentem

Diese Ode entstand aus einem Gebet, das H. zur Einweihung des Apollotempels auf dem Palatin sprach; den Wein, den er dabei in die Schale gießt, bringt er dem Gott dabei als Opfergabe.

So wörtlich wie möglich

Was heischt der Sänger, gießt er jungen Wein,
Am heiligen Altare des Apollo ein?
Er fleht nicht, während er ihn in die Schale gießt,
Um Saat, die von Sardiniens reichen Fluren fließt!

Er strebt nicht nach Calabriens wohlgenährten Herden,
Auch nicht nach Indiens Elfenbein, und andren Schätzen dieser Erden
Begehrt nicht Felder, die der Liris (1) leis umfließt
Der sie mit stillen Wassern sanft begießt.

Der schneide ab calenische (2) Reben,
Wem sie das Glück so gütig war, zu geben:
Aus goldenen Bechern trink der reiche Kaufmann seinen Wein,
Den er um syrische Ware handelte sich ein.

Ein Götterliebling er, der furchtlos in Gefahr
Drei- oder viermal Jahr für Jahr
Schaut unbeschadet in des Meeres Tiefen.
Mir aber sind Endivien, Malven und Oliven.

Vollauf genug, wenn du, o Phoebus, mir gewährst
An Leib und Seel gesund zu nützen, was du mir bescherst.
Und gib, dass kein unrühmlich Alter trübe meine Tage
Und dass ich bis ans Ende hell und klar die Leier schlage.

    (1) Fluss in Latium (heißt heute Garigliano)
    (2) Cales: vorzügliches Weinland in Nordkampanien

So frei wie eigentlich nicht nötig

Ihr gießt mein Glas mir noch mal ein
Mit diesem herrlich frischen Wein!
Ihr trinkt mir zu, ihr wünscht mir alles Gute,
Das ich mir selber wünsch. - Wonach ist mir zumute?

Ich brauch Champagner nicht noch Kaviar
S´ist auch nicht nötig, dass ich Porsche fahr,
Bin auf kein tolles Haus mit Swimmingpool erpicht,
Wohl dem, der´s hat; ich brauch es nicht!

Ich gönne dem Geschäftsmann üppigen Profit,
Hat er das Glück, dann nehm er ihn ruhig mit,
Und wenn er an der Börse spekuliert,
Ich wünsch ihm, dass es sich für ihn rentiert.

Dem großen Star, der sich als Publikumsidol gefällt,
Dem werd ich ganz bestimmt das große Geld,
Das er damit verdient, nicht neiden!
Soll er es haben, ich kann mich bescheiden!

Was ich mir selber wünsche, ist zu allermeist,
Gesund zu sein, an Körper und an Geist,
Und dass sich auch im Alter noch das Leben für mich lohnt,
Und „Onkel Alois" (1) mich bis ans End verschont.

(1) salopper Mediziner-Ausdruck für Alzheimer-Demenz
(A. hieß mit Vornamen Alois)

III.30 Mein ganz persönliches Denkmal
Exegi monumentum aere perennius

Die Ode III.30 ist eine der bekanntesten. Horaz zeigt sich darin sehr selbstbewusst: *„Exegi monument' aere perennius – Ich habe mir ein Denkmal gebaut, beständiger als Eisenerz",* beginnt er sehr stolz und etwas später sagt er: *„Non omnis moriar – Ich werde nicht ganz sterben."*
Dazu habe ich eine kleine, ganz persönliche Erinnerung. Die gehört vielleicht nicht so unbedingt hierher, ich erzähle sie trotzdem:
In der 3. (nach heutiger Zählung 7.) Klasse führte uns Herr Doktor Knorr bei einem Wandertag an einem kleinen, klassizistischen Mausoleum im Coburger Hofgarten vorbei, das Herzog Ernst I. von Coburg zum Andenken an seine Eltern hat bauen lassen. In dessen Giebel liest man auch: „Non omnis moriar". Natürlich deutete Dr. Knorr darauf: „Na – könnt ihr das übersetzen? – Ich hoffe doch!" Wir konnten: „Ich werde nicht ganz sterben." „Jawohl!" Unser Lehrer war zufrieden. „Und was wird weiter leben?" „Die Seele?" meinte einer von uns zaghaft. „ Die Seele! Richtig!" wurde er bestätigt.
Mich wundert es heute noch, dass Dr. Knorr, ein großer Horazverehrer, diese Antwort so voll als richtig anerkannte. Horaz will mit diesem „non omnis moriar" keineswegs sagen, dass es seine Seele sei, die da weiterleben wird. Er meint vielmehr: „Ich werde weiterleben in meinen Werken. – Für alle Zeiten!" Und ich glaube, Ernst der Erste wollte das auch genau in diesem Sinne für seine Eltern so verstanden wissen.

Exegi monument' aere perennius,
regalique situ pyramid' altius,
quod non imber edax, non Aquil' inpotens
possit diruer' aut innumerabilis

annorum series et fuga temporum.
Non omnis moriar multaque pars mei
vitabit Libitin': usqu' ego postera
crescam laude recens, dum Capitolium

scandet cum tacita virgine pontifex.
Dicar, qua violens obstrepit Aufidus
et qua pauper aquae Daunus agrestium
regnavit populor', ex humili potens

princeps Aeolium carmen ad Italos
deduxisse modos. Sume superbiam
quaesitam meritis et mihi Delphica
lauro cinge volens, Melpomene, comam.

So wörtlich wie möglich

Ein Denkmal schuf ich mir hernieden,
Das fester ist als Marmorstein.
Beständiger auch als Eisenerz und Pyramiden,
Soll´s durch Jahrtausende mir sein.

Nicht Wetterschlag, nicht Flut und Regen,
Auch nicht ein wütender Orkan
Wird es mir je in Trümmer legen,
Es dauert durch die Zeiten an.

Und sterb ich einst, werd ich nicht ganz verscheiden,
Ein guter Teil von mir wird nicht vergehn
Er wird die Todesgöttin meiden
Wird nicht wie Staub im Wind verwehn.

Solang zum Capitol dort auf dem Hügel hoch
Der Priester wird mit der Vestalin schweigend
(1) aufwärts schreiten,
Solange singt auch mir die Nachwelt noch
Mein Ruhmeslied bis in die in fernsten Zeiten.

Am Aufidus (2) mit seinen wilden Wellen,
Und in dem wasserarmen Daunerland (3),
Wird man von mir, dem Dichter, einst erzählen,
Der sich erhob aus niederem Stand, (4)

Der einst die Klänge der Äolischen Lieder
Zuerst in die ital´sche Dichtung eingebracht,
Nimm hin und blicke huldvoll auf mich nieder,
Wenn dies Verdienst mich stolz gemacht.

Die mich beflügelt hat mit ihrem Kusse,
Die mich erhellt mit ihrem Glanz,
Du Melpomene, holde Dichtermuse,
Wind mir ins Haar den Delph´schen Lorbeerkranz!

(1) Die Vestalinnen, die in der Öffentlichkeit zum Schweigen verpflichtet waren, hüteten in ihrem Tempel auf dem Forum ein Feuer. Solange es brenne, werde das römische Reich bestehen bleiben, hieß es. Und wenn Horaz meint, so lange werde such sein Ruhm noch andauern, dann hat

er sich hier ausnahmsweise mal unterschätzt. Das Römische Reich ist schon seit mehr als tausend Jahren untergegangen, Horaz kennt man immer noch!

(2) Aufidus (heutiger Name, Ofanto): Fluss i.d. Nähe von Horazens Heimatstadt Venusia (heute: Venosa)
(3) Synonym für Apulien
(4) Horaz war der Sohn eines Freigelassenen

So frei wie eigentlich nicht nötig

Diese Travestie ist „in Zusammenarbeit mit Christian Morgenstern", entstanden. Durch ihn bin ich ja überhaupt erst darauf gekommen, zu travestieren und hier, bei II.30 habe ich zusätzlich noch einen recht originellen Gedanken von ihm mit übernommen: Aus dem Priester, der zum Capitol hoch steigt, Lateinlehrer zu machen, die – so Morgenstern – „von ihren Schülern fordern, dass sie horazfest seien."

All meine Verse, die ich hab gedichtet,
Sind mir ein sehr solides Monument!
Viel fester als aus Eisen oder Stein errichtet,
Steht es auf einem bombenfesten Fundament.

Nicht Abgasruß, nicht saurer Regen.
Wird mir mein Denkmal je in Trümmer legen.
Wenn ich gestorben bin, wird meine Spur sich nicht verwischen,
Etwas von mir, wird Libitina (1) doch entwischen.

Solange es Gymnasien gibt, darin die rechten Lehrer,
Die ihrerseits begeisterte Horaz-Verehrer,
Die durch Jahrtausende mich nicht vergessen,
Die werden mit den Schülern meine Werke lesen.

Selbst in den USA, die jetzt in Rom noch keiner kennt,
Man mich in mehr als tausend Jahren auch noch nennt!
Bis in die fernsten Zeiten wird das noch so sein:
Man paukt den Gymnasiasten meine Verse ein.

Wenn die auch weltweit fluchen, soll mich das nicht kränken,
Hauptsache, dass sie weltweit an mich denken!
Und irgend so ein Spinner wird in fernen Tagen,
Mich gar in Reimen noch ins Deutsche übertragen.

Auf dieses alles bilde ich mir eine Menge ein.
Du, Melpomene, musst mir das verzeihn!
Und werte es jetzt bitte nicht als Arroganz:
Ich mein´, ich hätt´ damit verdient Apollos Lorbeerkranz!

(1) Todesgöttin

Gegensätzliches

Heinrich Heine denkt da genau andersherum, in seinem

Epilog
aus der Sammlung „letzte Gedichte"

Unser Grab erwärmt der Ruhm?
Torenworte! Narrentum!
Eine bessre Wärme gibt
Eine Kuhmagd, die verliebt
Uns mit dicken Lippen küsst
Und beträchtlich riecht nach Mist.
Gleichfalls eine bessre Wärme
Wärmt dem Menschen die Gedärme,
Wenn er Glühwein trinkt und Punsch
Oder Grog nach Herzenswunsch
In den niedrigsten Spelunken,
Unter Dieben und Halunken,
Die dem Galgen sind entlaufen,
Aber leben, atmen, schnaufen,
Und beneidenswerter sind,
Als der Thetis großes Kind
Der Pelide sprach mit Recht:
Leben wie der ärmste Knecht
In der Oberwelt ist besser,
Als am stygischen Gewässer
Schattenführer sein, ein Heros,
Den besungen selbst Homeros.

Huldigungen an Mäcenas

I.1 Zueignung
Maecenas, atavis edite regibus

Maecenas, atavis edite regibus,
O et praesidi' et dulce decus meum:
Sunt quos curriculo pulver' Olympicum
collegisse iuvat; metaque fervidis
evitata rotis palmaque nobilis
Terrarum dominos evehit ad Deos.
Hunc, si mobilium turba Quiritium
certat tergeminis tollere honoribus;
illum, si proprio condidit horreo
quidquid de Libycis verritur areis.
Gaudentem patrios findere sarculo
agros, Attalicis condicionibus
numquam demoveas, ut trabe Cypria
Myrtoum pavidus nauta secet mare.
Luctant' Icariis fluctibus Africum
mercator metuens, oti' et oppidi
laudat rura sui: mox reficit rates
quassas, indocilis pauperiem pati.
Est qui nec veteris pocula Massici,
nec partem solido demere de die
spernit; nunc viridi membra sub arbuto
stratus, nunc ad aquae lene caput sacrae.
Multos castra iuvat, et lituo tubae
permixtus sonitus, bellaque matribus detestata.
Manet sub Jove frigido
venator, tenerae coniugis inmemor;

seu visast catulis cerva fidelibus,
seu rupit teretes Marsus aper plagas.
Me doctar' hederae praemia frontium
dis miscent superis: me gelidum nemus
Nympharumque leves cum Satyris chori
secernunt populo; si neque tibias
Euterpe cohibet, nec Polyhymnia
Lesboum refugit tendere barbiton.
Quod si me Lyricis vatibus inseris,
sublimi feriam sidera vertice.

Der Adressat dieser Ode I.1 ist Mäcenas. Dass der den Horaz materiell und finanziell sehr stark unterstützt hat, ist ja allgemein wohl bekannt. Weniger bekannt dagegen ist, dass Horaz allein durch die Protektion des Maecenas in Rom überhaupt noch einmal etwas werden konnte.
Er hatte nämlich nach Cäsars Ermordung im Jahr 44 v. Chr. sich auf die Seite der Attentäter gestellt und wurde bei denen sogar Militärtribun. Damit hatte er auf das falsche Pferd gesetzt, denn nach deren Niederlage bei Philippi sah es natürlich sehr böse für ihn aus.
Octavian, der neue, unangefochten starke Mann in Rom, ging gegen die besiegten Attentäter und ihre Anhänger so ähnlich vor, wie man es bei uns nach 1945 bei der Entnazifizierung gegen die Nazis tat. Horaz blieb dabei mit knapper Not noch auf freiem Fuße, aber sein gesamter Besitz in Italien wurde enteignet. Er war ein armer Mann und konnte sich als Sekretär seinen Lebensunterhalt mehr schlecht als recht verdienen.
Da begann er zu dichten und hatte das Glück, dass Vergil und Varius (zu letzterem s. Ode I.6), auf ihn

aufmerksam wurden. Beide waren damals in Rom als Dichter sehr hoch angesehen. Sie vermittelten Horaz die Bekanntschaft mit Maecenas.

Der half ihm zunächst finanziell wieder auf die Beine. Er „hielt ihn aus", wie man so schön sagt. Das ging so weit, dass er ihm sogar ein kleines Weingut in den Sabinerbergen schenkte.

Was aber für Horaz wohl noch viel wichtiger war: Maecenas war auch einer der engsten Vertrauten und Berater Octavians, des späteren Kaiser Augustus, und er rehabilitierte Horaz bei Octavian politisch und gesellschaftlich voll. So konnte der die Karriere machen, die er dann gemacht hat. Ohne einen Mäcenas hätte es höchstwahrscheinlich nie einen bis in unsere Tage bekannten Dichter Horaz gegeben!

Horaz zeigt in dieser Ode I.1, dass er selber sich dessen voll bewusst war. Er spricht seinen Gönner am Anfang ganz ehrfürchtig und ergeben an und zählt dann viele Situationen auf, die für einen Menschen Glück bedeuten können. Am Ende erklärt er dann: Ihm sei es höchstes Glück, wenn Mäcenas, sein Gönner, ihn voll anerkennt und ihn zu den Dichtern zählt

So wörtlich wie möglich

Mäcenas, du Erhabener, eines königlichen Hauses Sohn, (1)
Du, mein Juwel, mein Gönner und mein Schutzpatron.

Der Wagenlenker der im Staub olymp´sche Rennen fährt,
Den freut´s, wenn er mit heißen Rädern um die Wendemarke kehrt,
Und hat als Sieger er den Wagen in das Ziel gelenkt,
Wird er zum Gott, wenn er den Preis dafür empfängt.

Ein Anderer wiederum sich wohl gefällt,
Wenn ihn das Volk mit Mehrheit in drei Ämter wählt.
Den Nächsten freut´s, wenn in der Scheuer er zusammenträgt,
Was man von libyschen Tennen fegt.

Und wieder einem macht es viel Vergnügen
Auf eignem Grund den Acker um zu pflügen
Auch gegen alles Gold des König Attalos, (2)
Tauscht dieser niemals mit des Seemanns Los.
Mit einem wanken Schiff auf trügerischem Meer,
Führ der für alles Gold der Welt niemals umher.

Der Kaufmann, dessen Schiff im wüsten Ozean
Wirft in den Wogen wild umher der
schreckliche Orkan,
Ersehnt die Ruhe und den Frieden fern zu Haus,
Nie, schwört er, fährt er wieder da hinaus.
Doch kaum kann er den Göttern für geglückte
Heimkehr danken,
Erneuert er des Schiffs zerbrochene Planken,
Er fände nie und nimmer sich darein,
Kein angesehener, reicher Mann zu sein.

Ein Andrer wieder liebt den guten Wein,
Vergisst der Pflicht, lässt Fünfe grade sein,
Er lässt sich unterm Erdbeerbaum (3) an stiller
Quelle nieder,
Streckt wohlig aus dort seine müden Glieder.

Den Nächsten wieder ruft bei den Soldaten,
Heller Fanfareklang zu Heldentaten,
Den Ruhm er dort als tapferer Kämpfer sucht
Im Kriege, den die Mütter stets verflucht.

Der Jäger welcher auf der Pirsch
Mit munteren Hunden jagt den Hirsch,
Wenn dem das Netz zerriss, die Marsische (4)
Sau,
Vergisst er drum Familie gar und Frau.

Ich aber mich alleinig glücklich weiß,
Schmückt Efeu mir die Stirn, des Dichters
Ehrenpreis.
Entrückt im kühlen Musenhaine lausch ich da,

Euterpes Flötenspiel, und wenn auch
Polyhymnia (5),
Wohlwollend mir der Sappho (6) Leier schlägt
Und micht mit meinen Weisen zu den Göttern trägt,
Zählst du mich dann, Mäcenas, zu den Dichtern,
Erheb ich stolz mein Haupt bis zu den Sternenlichtern.

(1) Mäcenas stammte tatsächlich aus einer alten, etruskischen Königsfamilie.
(2) Attalos: sehr reicher König in der Antike
(3) Immergrüner Baum mit erdbeerartigen Früchten
(4) Marsien: Gegend in den Abruzzen mit viel Schwarzwild
(5) Musen der Dichtkunst und Musik
(6) Von Sappho und deren Dichtung hat sich H. sehr stark inspirieren lassen

So frei wie eigentlich nicht nötig

Hier habe ich den Namen des Adressaten von Maecenas in Marcel travestiert: Ich glaube, man wird sich denken können, wen ich da meine.
Ein echter, selbstloser Mäzen war der allerdings nicht. Er hat wohl mit seiner Protektion in unseren Tagen auch schon einigen Schriftstellern zur Karriere verholfen, aber er hat auch mindestens genauso vielen durch einen saftigen Verriss das Leben schwer gemacht.

Man muss außerdem auch bezweifeln, dass der eine solche Huldigung wie diese annehmen würde. Es wäre ja nicht das erste Mal, dass er so was ablehnt!

Marcel , dankbar grüßt dich dein Protege!
Du Literatenkönig, du mein Renome!!

Bei Formel-Eins der Fahrer seine Runden dreht,
Mit heißen Reifen in die Kurve geht,
Ihm ist's sein größtes Glück, steht oben er auf dem Podest
Wo er im Siegesrausch dann den Champagner spritzen lässt.

Dagegen dem Politiker, dem ist es höchstes Glück
Kehrt nach der Wahl bestätigt er in's Amt zurück.
Und der Börsianer reibt sich froh die Hände,
Bringt ihm der Aktienmarkt sehr reichlich Dividende.

Dem Landwirt, welcher voll zufrieden ist,
Mit dem, was wächst auf seinem eigenem Mist,
Ist Glück sein kleiner Horizont um Hof und Haus,
Darüber blickt er kaum einmal hinaus.

Wenn der Geschäftsmann auf der Autobahn im Stau
Ersehnt die Ruh zu Haus bei Kind und Frau!
Ist er dabei im Kopfe schon,

Bei seiner nächsten Transaktion,
Sein Glück ist Reichtum und ein Luxusleben,
Er dächte nie daran, das aufzugeben.

Der Lebenskünstler pfeift auf Gut und Geld,
Vertrödelt seinen Tag, wie's ihm gefällt,
Sein Glück ist es, die Zeit sich zu vertreiben,
Bei Bier und Wein in Bars und Kneipen.

Der Fußballfreund, der lebt für den Verein.
Wo der auch spielt, da muss er sein.
Mit Vuvuzela und mit Schal
So sieht man ihn fast überall
Und wenn ans End der Welt er reist,
Geht' s seiner Frau auch auf den Geist.
Das höchste Glück für ihn ist's allemal,
Erringt sein Club den Meisterschaftspokal!

Ich bin, Marcel, geschnitzt aus andrem Holz,
Mich macht es glücklich, macht es stolz,
Wenn abendlich, zu später Stunde,
Du mich erwähnst in deiner Talkshow-Runde,
Wo du mit den Experten diskutierst,
Und gnadenlos dann kritisierst,
Und unbestechlich hältst Gericht,
Was Literatur ist und was nicht.
Zählst da, Marcel, du alter Teufelsbraten,
Mich armen Schreiber zu den Literaten,
Vielleicht noch zu den Dichtern gar,
Dann fühl ich mich als großer Star!

I.20 Sonderangebot an Mäcenas
Vile potabis modicis Sabinum

Vile potabis modicis Sabinum
cantharis, Graeca quod ego ipse testa
conditum levi, datus in theatro
    cum tibi plausus,

clare Maecenas eques, ut paterni
fluminis ripae simul et iocosa
redderet laudes tibi Vaticani
    montis imago.

Caecub' et praelo domitam Caleno
tu bibes uvam: mea nec Falernae
temperant vites neque Formiani
    pocula colle

Auch wenn es auf den ersten Blick vielleicht gar nicht so scheint: Diese Ode ist ebenfalls eine ergebene Huldigung des Horaz an Maecenas.
Horaz bietet darin seinem Gönner einen Wein an, den er eigenhändig für ihn gekeltert und abgefüllt hat. Damit will er mit ihm auf einen großen Erfolg anstoßen, den Maecenas im Theater gehabt haben soll. Tosend soll man ihm da applaudiert haben.
Karl Numberger, der Mann bei dem ich am meisten abschreibe, sagt, damit meine Horaz wahrscheinlich ein Ereignis aus dem Jahr 30. Da sei Maecenas nach langer Krankheit erstmalig wieder im Theater erschienen und dort mit stürmischem Applaus begrüßt worden.

Ich könnte mir aber auch denken, dass Horaz hier vielleicht einen eigenen Erfolg an seinen Gönner abtritt.

Maecenas hatte sich nämlich in jungen Jahren selber als Dichter versucht, war aber bei seinen ersten Auftritten vor Publikum kläglich gescheitert und als er schließlich von keinem geringeren als Seneca total verrissen wurde, sah er ein: Es wäre wohl besser, wenn er selber das Dichten aufgäbe und als reicher und einflussreicher Mann die fördere, die wirklich begabt waren. Er startete dann sein Förderprogramm mit dem er ja so großen Erfolg hatte, dass man heute noch die Förderer der schönen Künste nach ihm „Mäzene" nennt. Ich möchte sagen, auch darin liegt Größe!

Horaz war ja nun zweifellos einer seiner größten Nutznießer. Daher könnte ich mir auch gut vorstellen, dass der Beifall, der da im Theater von allen Rängen schallte eigentlich einem Werk von ihm, Horaz, gegolten hat, und dass er diesen jetzt dankbar an seinen Förderer und Gönner weitergibt, ohne den er nie so weit gekommen wäre.

Ich, als Laie, biete meine Interpretation den Fachleuten so an, wie der Riese Fasold in Richard Wagners Rheingold seine Gedanken dem allwissenden germanischen Götterboss Wotan zu bedenken gibt: „Ein dummer Riese rät dir das. Du, Weiser, wiss es von ihm!"

So wörtlich wie möglich

Trink jetzt mit mir den einfachen Sabinerwein
Ich selber siegelt´ ihn in griechische Amphoren ein,
Als dir, Maecenas, der mir immer wie ein Vater,
Man tosend applaudiert hat im Theater.
Der Beifall dort von allen Rängen schallte,
Des fröhlich Echo mir vom Vatikan´schen Hügel widerhallte,
Ich hoff´, du wirst mit meinem Wein zufrieden sein
Genießt du sonst auch den Calener und Caecuberwein.
Falerner oder Formianer (1) stände dir auch zu Gesicht.
So edle Tropfen füllen leider meine Becher nicht.

   (1) Calener, Caecuber, Falerner und Formianer
      waren die Spitzenweine im alten Rom

So frei wie eigentlich nicht nötig

Ich hoffe, dass ich hier mit meiner Travestie nicht zu sehr überziehe, wenn ich jetzt von der ergebenen Huldigung von Horaz an Mäcenas in die Niederungen von Dieter Bohlens „Deutschland sucht den Superstar" absteige und ein Prost auf einen daraus mache, der dabei gewonnen hat.

Auf dein Spezielles, trink mit mir, wenn's Dir gefällt,
Den Tropfen hab ich extra für dich kalt gestellt,
Als du der Sieger warst bei „Deutschland sucht den Superstar".
Wie da die Meute aus dem Häuschen war.
Die ganze Halle da erschüttert schien,
So wie die johlten, trampelten und schrien.
Jetzt trinken wir auf deinen Sieg `nen guten Frankenwein,
Ein guter Landwein ist es, einfach aber fein.
Ich hoffe doch, du bist auch noch als Star damit zufrieden,
So was wie Veuve Cliquot und Chateau neuf du pape kann ich nicht bieten.

Weisheiten und Erfahrungen

„Besinnlich, philosophisch sind sie hin und wieder, habe ich in meiner Travestie der Ode I.32. geschrieben. Hier sind einige davon.
„Freue dich deines Lebens – es ist schon später als du denkst!" hieß ein Spruch, der in meinem Elternhaus jahrelang an der Wand hing. Er scheint auch zu den Grundsätzen des Horaz gehört zu haben! Er taucht da sinngemäß immer wieder auf, wie zum Beispiel gleich in der folgenden Ode I.11, in dem berühmten „Carpe diem"

I.11 Heute ist heut!
Tu ne quaesieris, scire nefas

Tu ne quaesieris,   scire nefas,
    quem mihi, quem tibi
finem di dederint,   Leuconoe,
    nec Babylonios
temptaris numeros.   Ut melius,
    quidquid erit, pati,
seu plures hiemes   seu tribuit
    Iupiter ultimam,
quae nunc oppositis   debilitat
    pumicibus mare
Tyrrhenum: sapias,   vina liques,
    et spatio brevi
spem longam reseces. Dum loquimur,
    fugerit invida
aetas: carpe diem,   quam minimum
    credula postero!

So wörtlich wie möglich

Wissen ist Fluch, drum quäl dich nicht, wie viele Tage Leben
Die Götter dir und mir noch wollen geben!
Du solltest auch nicht Babylonische Orakel dazu fragen,
Leukonoe, tu das nicht, will ich dir sagen.
Lass, was geschehen soll doch ruhig geschehen,
Wie es die Götter lenken, lass es gehen!
Und wenn jetzt dieser Winter, der das Meer
Mit wilden Wogen an die Klippen wirft, auch unser letzter wär,
Sei´s drum, dass Jupiter uns noch sehr viele hat beschieden,
Begnüge dich mit deinem Los und sei zufrieden.
Schenk ein den Wein, gib falschem Hoffen dich nicht hin.
Dieweil wir reden, rinnt die schöne Zeit dahin.
Genieße jeden Tag wie eine Frucht, die frisch du pflückst vom Baum,
Was dir der nächste bringt, das kümmere dich kaum.

So frei wie eigentlich nicht nötig

Ach, liebes Kind, du machst dir viel zu viele Sorgen,
Was einmal kommen könnt´? Denk nicht an Übermorgen!
Zu dieser alten Türkin, der Wahrsagerin,
Die dir die Karten schlägt, geh nicht mehr hin.
Es kommt doch so wie´s muss, drum lass es auch so gehen,
Das was geschehen soll, wird allemal geschehen,
Kann sein, wir fallen morgen schon tot um!
Und wenn schon? Kümmern wir uns doch nicht drum!
Genauso kann es sein, dass wir auf dieser Erden
Wohl älter noch als hundert Jahre werden.
Komm – lass uns einen trinken, sei gescheit,
Vergeuden wir durch trübes Spekulieren doch nicht unsere Zeit!
Genießen wir den Tag und löschen unseren Durst,
Was uns der nächste bringt, ist uns doch Wurst!

Ähnliches
Theodor Storm: Oktoberlied

Der Nebel steigt, es fällt das Laub;
Schenkt ein den Wein den holden!
Wir wollen und den grauen Tag
Vergolden, ja vergolden!

Und geht es draußen noch so toll,
Unchristlich oder christlich,
Ist doch die Welt, die schöne Welt,
So gänzlich unverwüstlich!

Und wimmert auch einmal das Herz -
Stoß an und lass es klingen!
Wir wissen's doch, ein rechtes Herz
Ist gar nicht umzubringen.

Der Nebel steigt, es fällt das Laub;
Schenkt ein den Wein den holden!
Wir wollen uns den grauen Tag
Vergolden, ja vergolden!

Wohl ist es Herbst; doch warte nur,
Doch warte nur ein Weilchen!
Der Frühling kommt, der Himmel lacht,
Es steht die Welt in Veilchen.

Die blauen Tage brechen an,
Und ehe sie verfließen,
Wir wollen sie, mein wackrer Freund,
Genießen, ja genießen!

II.14: Ein guter Rat unter Freunden
Eheu fugaces, Postume, Postume,

Eheu fugaces, Postume, Postume,
labuntur anni nec pietas moram
rugis et instanti senectae
adferet indomitaeque morti,

non si trecenis quotquot eunt dies,
amice, places inlacrimabilem
Plutona tauris, qui ter amplum
Geryonen Tityonque tristi

conpescit unda, scilicet omnibus,
quicumque terrae munere vescimur,
enaviganda, sive reges
sive inopes erimus coloni.

frustra cruento Marte carebimus
fractisque rauci fluctibus Hadriae,
frustra per autumnos nocentem
corporibus metuemus Austrum:

visendus ater flumine languido
Cocytos errans et Danai genus
infame damnatusque longi
Sisyphus Aeolides laboris,

inquenda tellus et domus et placens
uxor, neque harum quas colis arborum
te praeter invisas cupressos
ulla brevem dominum sequetur.

absumet heres Caecuba dignior
servata centum clavibus et mero
tinguet pavimentum superbo,
pontificum potiore cenis.

So wörtlich wie möglich

Ach Postumus, wie schnell entgleitet uns die Zeit,
Nicht Gottesfurcht noch Frömmigkeit,
Hält fern das Alter, das dir naht mit Falten,
Der allgewalt´ge Tod lässt einst auch dich erkalten,

Und brächtest du dem seelenlosen Pluto auch an jedem Tag im Jahr,
Drei Hekatomben Stiere gar als Opfer dar,
Der unerbittlich dort in seiner Schattenwelt,
Den Tityrus und Geryon gefangen hält. (1)

Dort an dem düsteren, dunklen Fluss,
Den jeder mal durchfahren muss,
Der von der Erde Frucht sich nähret rings umher,
Gleich, ob er König oder Bauer wär.

Vergeblich meidest du den blut´gen Kriegesdienst im Heer
Bleibst fern dem Sturm, der tobt auf wildem Meer,

Völlig vergebens fliehst du auch,
Im Herbst des Südwinds giftigen Hauch.

Wir alle müssen überfahr´n den schwarzen Cocytus,
Der träge schleicht, zu schauen dort des Danaus,
Verfluchten Stamm, sowie auch Sisyphus, den Äoliden,
Dem qualvoll, ewige Strafe dort beschieden. (2)

Ein jeder geht doch einst dieselben Straßen,
Auch du musst einmal Haus und Hof, dein liebes Weib verlassen,
Und von den Bäumen, die gepflanzt du hast in deinem kurzen (3) Leben,
Wird nur noch die Zypresse (4), die verhasste, dich umgeben.

Ein klügerer Erbe trinkt dann den Cäcuberwein,
Den du mit hundert Riegeln schließt jetzt ein,
Spritzt auf den Marmorboden dann den Göttern Opferdank, (5)
Genießt den Trunk, so wie ihn besser nicht der hohe Priester trank.

(1) Sagenstoff: Tityrus war ein Riese, Geryon ein König
(2) bekannte Sageninhalte: die Töchter des Danaus waren die, die Wasser in ein Fass ohne Boden schöpfen mussten, Sisyphos rollte ja ewig den Stein auf den Berg, der dann immer wieder herunter rollte.
(3) Wieder das „carpe diem"
(4) Die Zypresse diente offensichtlich schon den alten Römern als typische Friedhofspflanze

(5) Bei den Römern und Griechen war es üblich, vor dem Weintrinken den Göttern ein Trankopfer darzubringen: man verspritzte dazu mit den Fingern ein paar Tropfen Wein auf den Fußboden.

So frei wie eigentlich nicht nötig

Ach Fridolin, ach Fridolin,
So mit der Zeit gehen wir doch alle hin
Auch du wirst einmal faltig, grau und alt.
Der unbarmherz´ge Tod, er macht uns alle kalt.

Und liefst du jeden Tag auch Marathon,
Dem Tode läufst du damit nicht davon,
Der hat mit seiner dunklen Macht,
Viel Stärkere als uns beide umgebracht.

Es kann doch keiner ewig hier besteh´n,
Wir alle müssen einmal über´n Jordan geh´n.
Ob einer bettelarm, ob er stinkreich,
Macht keinen Unterschied, dem Tod ist´s gleich.

Du fährst vorsichtig Auto auf den Straßen,
Man sieht dich nie wie ein Verrückter rasen,
Du meidest Alkohol und Nikotin,
Und achtest streng auf dein Cholesterin,

Gönnst du dir doch mal einen guten Bissen.
Machst du dir gleich ein schlecht Gewissen.
Man sagt, du zügelst alle süßen Triebe
Und mäßigst dich selbst bei der Liebe!

Lohnt es sich denn, so vieles Schöne
aufzugeben?
Für ein paar schlappe Jährchen länger leben?
Machst du dir so viel lästige Beschwerden,
Zahlt sich´s da aus, noch alt zu werden?

Mach Schluss mit dem vergeblichen Kastein!
Warum versagst du dir den edlen Wein?
Genieße ihn, lass dir die Freude dran doch nicht
verderben,
Sonst trinken ihn nur deine schlauen Erben!

Ähnliches von Eugen Roth

Vergebliche Mühe

Ein Mensch, der willens, lang zu leben,
Beschließt dem Tod zu widerstreben
Und a) durch strenges Selbstbelauern
Die Krisenzeit zu überdauern
Und b) zu hindern die Vermorschung
Durch wissenschaftlich ernste Forschung.
Zu letzterm Zwecke wird bezogen
Ein Horoskop beim Astrologen,
Um nicht bezüglich der Planeten
In eine falsche Bahn zu treten.
Ist so gebannt Saturnens Kraft,
Hilft weiterhin die Turnerschaft,
Die Rümpfe rollend, Knie beugend,
Ganz zweifellos wirkt kräftezeugend.
Die Rohkost birgt das Vitamin;

Wein und Tabak, er gibt sie hin.
Auch gilts den Vorrat an Hormonen
In reiferm Alter streng zu schonen.
So braut er sich den Lebenssaft
Aus ausgekochter Wissenschaft.
Ein Mensch, wie dieser, muß auf Erden
Unfehlbar hundertjährig werden.
Das Schicksal aber, das nicht muß,
Macht unversehens mit ihm Schluß.

I.4 Frühlingsgefühle
Solvitur acris hiems

Solvitur acris hiems grata vice veris et Favoni
trahuntque siccas machinae carinas,
ac neque iam stabulis gaudet pecus aut arator igni
nec prata canis albicant pruinis.

iam Cytherea choros ducit Venus imminente luna,
iunctaeque Nymphis Gratiae decentes
alterno terram quatiunt pede, dum gravis Cyclopum
Volcanus ardens visit officinas.

nunc decet aut viridi nitidum caput impedire myrto
aut flore, terrae quem ferunt solutae
nunc et in umbrosis Fauno decet immolare lucis
seu poscat agna sive malit haedo

pallida Mors aequo pulsat pede pauperum tabernas
regumque turris. o beate Sesti,
vitae summa brevis spem nos vetat inchoare longam
iam te premet nox fabulaeque Manes

et domus exilis Plutonia; quo simul mearis,
nec regna vini sortiere talis

nec tenerum Lycidan mirabere, quo calet iuventus
nunc omnis et mox virgines tepebunt.

So wörtlich wie möglich

Der scharfe Winter weicht dem Lenz und der Favonius (1) weht durchs Land,
Von seinem Hauch belebt zieht man die Kiele rasch vom trocknen Strand.
Nicht mehr hält es das Vieh im Stall, den Bauern nicht am Herde,
Der Silberreif glänzt nicht mehr auf der kalten Erde.

Venus Cytherea (2) tanzt im hellen Mondschein
Mit holden Grazien und Nymphen im Verein
Den Boden treten sie im Wechseltritt mit leichtem Fuß,
Die Werkstatt der Cyklopen heiß befeuert Vulkanus. (3)

Jetzt ziemt es sich, das blanke Haupt mit grüner Myrthe zu umringen,
Mit Blumen, die der lockeren Erde nun entspringen.
Im Schatten eines Hains dem Faun zu opfern ist es an der Zeit,
Ein Lämmchen, oder auch ein Böckchen halt für ihn bereit.

O lieber Sestius, der bleiche Tod, dem jeder folgen muss,
Tritt ein in Hütten und in Schlösser stets auf gleichem Fuß
Kurz ist das Leben (4), lass hier alle falsche Hoffnung sein,
Bald schließt die Sagenwelt der Schatten dich auch ein.

Wenn einmal du in Plutos ödes Haus gewandert bist,
Kein heitres Los dich mehr zum König eines Gastmahls kiest,
Noch wirst du dich dann zärtlich für den Lycidas erwärmen,
Für den jetzt alle Jünglinge und alle Mädchen glühend schwärmen. (5)

(1) Favonius: frischer Wind, der Anfang Februar wehte. Die Seefahrer werteten ihn als Signal für die neue Saison.
(2) Synonym für Venus: Sie genoss auf der Insel Cythera besondere Verehrung
(3) Poetisches Bild für die Blitze der Frühlingsgewitter
(4) Den Hinweis auf die Kürze des Lebens bringt H. oft.
(5) Homophilie war im alten Rom gang und gäbe. Sie zählte für viele, besonders für vornehme Römer zu den selbstverständlichen Lebensfreuden.

So frei wie eigentlich nicht nötig

Der Schnee, er schmilzt, man fühlt ein frisches Feeling
Und jeder merkt es: Jetzt wird´s Frühling.
Das Thermometer steigt, es treibt den Menschen aus dem Haus,
Er spürt ein Kribbeln: Nichts wie raus!

Im Lenz erwachen flotte, rege Triebe
Die Jugend fühlt im Herzen süß die Liebe
Sie spürt belebend frische Kraft,
Und fühlt, wie die Natur, sich voll im Saft.

Jetzt ist die Zeit wo nach Heinz Erhard Knospen springen,
Und „Vogel, Lenz und Kater singen".
Und wo man sich am schönen Osterfest
Sein Zicklein oder Lamm recht schmecken lässt

Wir sollten, Freunde, jetzt so lang wir das noch können,
In diesen schönen Frühlingstagen uns was gönnen!
Das Leben ist nicht lang - es kann rasch enden
Die Zeit ist viel zu schade zum Verschwenden!

All diese schönen Lenzestriebe,
Genuss am Leben, Freude, Lust und Liebe,
Sehr rasch auf ewig uns verdorben sind,
Wenn wir erst mal gestorben sind.

I.34 Katerstimmung
Parcus deorum cultor et infrequens,

Parcus deorum cultor et infrequens,
insanientis dum sapientiae
consultus erro, nunc retrorsum
vela dare atque iterare cursus

cogor relictos. namque Diespiter
igni corusco nubila dividens
plerumque, per purum tonantis
egit equos volucremque currum,

quo bruta tellus et vaga flumina,
quo Styx et invisi horrida Taenari
sedes Atlanteusque finis
concutitur. valet ima summis

mutare et insignem attenuat deus
obscura promens: hinc apicem rapax
Fortuna cum stridore acuto
sustulit, hic posuisse gaudet.

So wörtlich wie möglich

Den Göttern diente ich nur selten, und ich bin verwirrt
Durch tolle Weisheit recht umher geirrt; (1)
Gezwungen seh´ ich mich die Segel nun zu drehen,
muss die verlassene Straße wieder gehen.

Ich kehre um! Jupiter, der mit Donnerschlag
Und Blitzen bisher nur durch finstere, dunkle Wolken brach,
Trieb heut bei heitrem Himmel seine schnellen Pferde
Und seinen Wagen brausend über diese Erde!

Der Erdball und des Meeres Grund war schwer erschüttert,
Sodass sogar der wilde Styx erzittert
Der fürchterliche Schlund des Taenarus (2), er schwankte
und selbst des Atlas' starker Gipfel wankte.

In Niedres wandelt Gott das Hohe, stürzt, was herrlich gleißt
Er zieht an's Licht, was dunkel war. Fortuna reißt
Mit lautem Ungestüm die höchsten Wipfel nieder
Und richtet, wo´s ihr gefällt, dann auf sie wieder.

(1) Horaz meint mit dieser „Irrlehre" die Philosphie Epikurs, der er lange Zeit anhing.
(2) Erdschlund auf dem Pelepones, er galt als Eingang in die Unterwelt

So frei wie eigentlich nicht nötig

Es gibt zahlreiche Vermutungen, welches Erlebnis Horaz da wohl gehabt haben mag, als er gesehen haben wollte, wie „Jupiter bei heiterem Himmel seine Pferde mit dem Wagen brausend über die Erde" führte. Damit meint er ja wohl den Blitz aus heiterem Himmel. Der wird zwar von Poeten immer wieder zitiert, ist aus Sicht der Naturwissenschaften aber völlig unmöglich.
Horaz aber scheint fest überzeugt zu sein, ihn reell erlebt zu haben. Ich interpretiere das in meiner Travestie mal so, wie ich das als Mediziner sehe:

Ich war nicht clean, ich kiffte, war sehr oft betrunken
Man sah mich oft in übelsten Spelunken.
Jetzt, denk ich, pack ich doch einmal die Wende,
Sonst nimmt das noch mit mir ein böses Ende.

Mir war als bräch ein greller Blitz am hellen Tag
Durch heitren Himmel und ein Donnerschlag,
Ließ krachend Luft und Erde beben,
Ich dacht', es würd ein Düsenjet durch meinen Kopf durch schweben.

Ein schlimmes Zittern fühlte ich in mir, als ob die ganze Erde bebe,
Als ob die Welt es aus den Angeln hebe,
Mir war, als täte alles um mich rum versinken,
Im wüsten Chaos rettungslos ertrinken.

Ist das der jüngste Tag, so wie ihn uns die Bibel lehrt,
Wo sich das unterste zu oberst kehrt?
Ist es so weit? Oder ist alles Trug,
Was ich erlebte. Bin ich auf Entzug?

Ähnliches bei
Goethe: Grenzen der Menschheit

Wenn der uralte
Heilige Vater
Mit gelassener Hand
Aus rollenden Wolken
Segnende Blitze
Über die Erde sät,
Küß' ich den letzten
Saum seines Kleides,
Kindliche Schauer
Tief in der Brust.

Denn mit Göttern
Soll sich nicht messen
Irgendein Mensch.
Hebt er sich aufwärts
Und berührt
Mit dem Scheitel die Sterne,
Nirgends haften dann
Die unsichern Sohlen,
Und mit ihm spielen
Wolken und Winde.

II.10 Die goldene Mitte
Rectius vives, Licini, neque altum

Rectius vives, Licini, neque altum
semper urgendo neque, dum procellas
cautus horrescis, nimium premendo
litus iniquum.

auream quisquis mediocritatem
diligit, tutus caret obsoleti
sordibus tecti, caret invidenda
sobrius aula

saepius ventis agitatur ingens
pinus et celsae graviore casu
decidunt turres feriuntque summos
fulgura montis.

sperat infestis, metuit secundis
alteram sortem bene praeparatum
pectus: informis hiemes reducit
Iuppiter, idem

submovet; non, si male nunc, et olim
sic erit: quondam cithara tacentem
suscitat Musam neque semper arcum
tendit Apollo.

rebus angustis animosus atque
fortis adpare, sapienter idem

contrahes vento nimium secundo
turgida vela.

So wörtlich wie möglich:

Der Adressat dieser Ode, Licinius Murena war der Schwager des Mäcenas. Er war ein hoher Würdenträger bei Kaiser Augustus und war bei dem wegen Unbotmäßigkeit in Ungnade gefallen. Die Mahnung des Horaz an Licinius, jetzt besser den goldenen Mittelweg zu gehen, um nicht groß aufzufallen, dürfte aber so ziemlich für jeden gelten.

Licinius, du wirst wohl sicherer leben,
Wirst du dich nicht zu weit aufs hohe Meer begeben.
Du solltest aber auch, willst du nicht Schiffbruch leiden,
Die allzu nahe Küste meiden.

Drum wähle stets den goldenen Weg der Mitte,
So meide das verrußte Dach in morscher Hütte,
Doch weile auch, den Neid zu fliehen, wohl am besten,
Nicht nur in goldenen Palästen.

Der höchsten Fichte Wipfel peitscht der raue Sturm,
Je hoch gebauter, desto wuchtiger stürzt der stolze Turm,
Auch trifft der Feuerstrahl der wilden Blitze
Stets nur der höchsten Berge Spitze.

Des Schicksals Wende sehnt der Mensch herbei im Leiden
So wie er fürchtet sie in frohen Zeiten.
Doch Jupiter lässt es auf dieser Erden
Nach jedem öden Winter wieder Frühling werden.

Drückt einen heute Kummer noch und Leid,
So dauert dies nicht fort für alle Zeit!
Apoll, nicht nur den Bogen spannt, er lässt auch seine Zither klingen, (1)
Und die verstummte Muse wieder singen.

Zeig wacker dich in schlechten Zeiten,
Sei standhaft gegen Widrigkeiten;
Wenn dann der Wind sich wieder günstig dreht,
Dann raffe klug die Segel, die er für dich bläht!
(2)

  (1) Mit seinen Pfeilen brachte Apollo den Menschen Unglück, spielte er dagegen auf seiner Leier, brachte er Glück.
  (2) Diesen guten Rat, sich unauffällig zu verhalten, bis seine Stunde für ein Come back gekommen sei, hat L. Murena leider nicht befolgt. Er wurde später sogar noch als Beteiligter an einer Verschwörung gegen Augustus hingerichtet

So frei wie eigentlich nicht nötig

Ähnlichkeiten mit Situationen oder mit lebenden oder toten Personen unserer Zeit sind in dieser Travestie kein Zufall, sondern voll beabsichtigt.

Man zähle wohl sich besser nicht zu denen,
Die allzu weit sich aus dem Fenster lehnen.
Man sollte aber doch in anderen Fällen
Wohl auch sein Licht nicht unter'n Scheffel stellen.

Man zeige einerseits sich niemals mit Halunken,
In schlimm verrufenen Spelunken,
Verkehre andrerseits doch nie
Ausschließlich nur bei Lions oder Rotary.

Wer oben ist, bedenke wohl: die Blitze –
Die zielen immer auf des Turmes Spitze!
Dass, wer hoch steigt, oft sehr tief fällt,
Sagt schon ein Sprichwort, weiß die ganze Welt.

Ist einer oben, suchen Andere schneller
Als einer glaubt, die Leich bei ihm im Keller.
Ist sie gefunden, blasen die,
Lautstark auf ihn zum Halali!

Ist er gestürzt, dann treten die Chaoten,
Auf ihn noch ein, liegt er am Boden

Und auch die Medien stürzen sich mit Freude
Auf ihn wie Geier auf die Beute.

Deshalb bangt mancher, ist er oben, oft
Vor dem, was nach dem Sturz er innig hofft:
Nämlich, dass diese Phase bald zu Ende
Und alles sich dann wieder wende.

Weh spricht: vergeh, doch alle Lust will
Ewigkeit,
So hat das ja schon Nietzsche prophezeit.
Doch Schiller sagt: Im Zeitenschoße
Gibt´s schwarze, wie auch heitre Lose.

Wer tief gefallen ist und im Schlamassel steckt,
Der halte besser sich für eine Zeit bedeckt,
Und warte dann im sicheren Versteck
Den rechten Zeitpunkt ab für ein Come back.

Wein, Weib und Gesang

„Vom Wein und von der Liebe singen seine Lieder,
vom heitren Mahl von Tanz und Scherz". Ein paar
davon finden sich hier

I.18 Ein guter Rat für jeden Weintrinker
Nullam, Vare, sacra vite prius severis arborem

Nullam, Vare, sacra vite prius severis arborem
circa mite solum Tiburis et moenia Catili.
siccis omnia nam dura deus proposuit neque
mordaces aliter diffugiunt sollicitudines.
quis post vina gravem militiam aut pauperiem
crepat?
quis non te potius, Bacche pater, teque, decens
Venus?
ac ne quis modici transiliat munera Liberi,
Centaurea monet cum Lapithis rixa super mero
debellata, monet Sithoniis non levis Euhius,
cum fas atque nefas exiguo fine libidinum
discernunt avidi. non ego te, candide Bassareu,
invitum quatiam nec variis obsita frondibus
sub divum rapiam. saeva tene cum Berecyntio
cornu tympana, quae subsequitur caecus amor
sui
et tollens vacuum plus nimio gloria verticem
arcanique fides prodiga, perlucidior vitro.

In dieser Ode preist Horaz den Wein zuerst als Sorgenbrecher, warnt dann aber im zweiten Teil vor allzu zügellosem Trinken. Bei den Bildern, die er dazu gebraucht, musste ich mich sehr oft in meinen schlauen Büchern kundig machen, um die richtig zu verstehen. Daher gebe ich mal vor der Übertragung weiter, was ich da gelesen habe:
Die Namen Euhius und Bassareus, sind Synonyme für den Gott Bacchus.
Die Kentauren und Lapithen waren Riesen, die im Suff so wüst miteinander stritten, dass die Kentauren total venichtet wurden.
Der Thyrsus, den Horaz nie wider den Willen des Bacchus zu schwingen verspricht, war dessen Attribut, sein Zepter sozusagen; ein mit Efeu und Weinlaub umwickelter Stab. Wen Bacchus damit berührte, der fiel in Vollsuff.
Mit den Versen: Nie werd ich, was du unter buntem Laub verbirgst, im Rausch enthüllen." spielt H. wohl auf einen mit Efeu und Rebenzweigen geschmückten Kasten an, der dem Bacchus geweihte Mysterien enthielt. Die durften nur bei ganz offiziellen Feiern für ihn enthüllt werden.
Mit den „wilden Trommeln und dem Berekythischem Horn", das Bacchus schweigen lassen soll, meint Horaz wohl äußerst lautstarke und ausgelassene Feste, die mit Pauken und Trompeten auf dem Berekyntos, einem Berg in Phrygien gefeiert wurden. Die galten eigentlich der Göttin Kybele, aber ganz ähnliche gab es auch für Bacchus, unter dem Namen „Bachannalen" ja bestens bekannt.
Mit all diesen Bildern will Horaz wohl sagen, er werde sich nie so sinnlos besaufen, dass er nicht mehr so recht weiß, was er tut und dann noch laut

und geschwätzig wird und im Suff Dinge ausplaudert, die er besser für sich behalten sollte.
Ein sehr löblicher Vorsatz! Aber ein paar der später folgenden Oden zeigen uns überdeutlich, dass er diesen zumindest nicht immer eingehalten hat!

So wörtlich wie möglich

Varus, du solltest hier auf Tiburs (1) mildem
Boden, rings von den Mauern des Catill (2) umgeben
Kein anderes Gewächs anbauen als des Bacchus heilige Reben!
Wer nüchtern ist, den plagen böse Ängste oder schwere Sorgen,
Vom Wein vertrieben fliehen sie, sie bleiben ihm verborgen.
Wer Wein getrunken spricht von Armut oder schwerem Kriegsdienst nicht,
Viel lieber er von Vater Bacchus oder von Frau Venus spricht.

Unmäßig doch zu trinken, warnen die Kentauren uns und die Lapithen,
Die sich vom Wein betört recht unheilvoll und blutig stritten.
Auch den Sithoniern durch Euhius schweres Unheil ist entstanden,
Da sie in ihrem Rausch die Grenze zwischen Recht und Unrecht nicht mehr kannten.

Nie werd, mein edler Bassareus ich den Thyrsus schwingen gegen deinen Willen,
Nie, was du unter buntem Laub verbirgst, im Rausch enthüllen.
So lass auch deine wilden Trommeln samt dem Berecynthischen Horne schweigen,
Weil sich durch die nur Prahlerei und blinder Dünkel zeigen,
Der stolz sein Haupt erhebt - und Schwatzsucht sich dann zeigt, ganz ohne Maß,
Die kein Geheimnis wahrt und leichter zu durchschaun als Glas.

(1) Tibur ist das heutige Tivoli
(2) Catilus: einer der Gründer von Tibur. In der Gegend um Tivoli gibt es heute noch einen Monte Catilo

So frei wie eigentlich nicht nötig

Mein lieber Freund, hab stets genügend Wein in deinem Keller,
Egal ob rot ob weiß, ob Pinot Grigio oder Muskateller,
Denn heut, in diesen elend, lausigen Tagen,
Kann man mit Wein im Leib sehr vieles leichter tragen:

Geschäfte laufen mies, das Konto in in die roten Zahlen sinkt,

Das alles nimmt der leichter, der ein Gläschen drüber trinkt.
Doch hüte dich vor allzu zügelloser Sauferei!
Das führte schon sehr oft zu schlimmer Rauferei,
Denn mancher wird im Suff impertinent
Sodass er seine Grenzen nicht mehr kennt.

Man sollte edlen Wein nie ungezügelt saufen!
Man lass ihn nie in Massen nur so durch die Kehle laufen!
Man sollte ihn bewusst genießen, und mit Maß
Und schaue dabei nie so tief ins Glas,
Dass man im Rausch dann die Kontrolle über sich verliert,
Sehr laut wird und dann auch noch randaliert,
Und so geschwätzig wird sodann,
Dass man nichts mehr für sich behalten kann.

I.27 Abmahnung
Natis in usum laetitiae scyphis

Natis in usum laetitiae scyphis
pugnare Thracum est: tollite barbarum
      morem, verecundumque
      Bacchum
      sanguineis prohibete rixis.

Vino et lucernis Medus acinaces
inmane quantum discrepat: inpium
      lenite clamorem, sodales,
      et cubito remanete presso.

Vultis severi me quoque sumere
partem Falerni? Dicat Opuntiae
      frater Megillae, quo beatus
      volnere, qua pereat sagitta.

Cessat voluntas? Non alia bibam
mercede. Quae te cumque domat
Venus,
      non erubescendis adurit
      ignibus, ingenuoque semper

Amore peccas. Quidquid habes, age,
depone tutis auribus. A miser,
      quanta laboras in Charybdi,
      digne puer meliore flamma!

Quae saga, quis te solvere Thessalis
Magus venenis, quis poterit deus?
    Vix inligatum te triformi
    Pegasus expediet Chimaera.

So wörtlich wie möglich

Hier hat Horaz sich noch an seinen Rat in der obigen Ode (I.18) gehalten. Er hat hier offenbar eine Kneipe betreten, in der die Situation zu eskalieren droht. Die Zecher scheinen gerade mit dem Humpen in der Hand aufeinander losgehen zu wollen.
Er versucht jetzt die Wogen mit einem sehr raffinierten Kniff zu glätten: Er macht die Meute auf eine Amourengeschichte neugierig, vielleicht sogar eine anrüchige, und lässt sie darüber ihre Rauflust vergessen.

Wüst sich zu streiten, in der Hand den Becher Wein
Ist Thrakerart (1), lasst solche Barbareien!
Gott Bacchus ist ein stiller, feiner Mann,
Und blutiger Streit steht ihm so gar nicht an.

Waffen (2) beim Wein, welch schrecklicher Gedanke,
Darum, ihr Freunde, lasst das hässliche Gezanke,
Beruhigt euch, lasst Vernunft doch siegen,
Bleibt friedlich jetzt auf euren Polstern liegen!

Ihr wollt, dass ich mich auch zu Euch bequeme
Von eurem feurigen Falerner zu mir nehme?
Megillas Bruder, der erzähl uns jetzt dazu,
Welch süßer Amorpfeil ihm raubt die Seelenruh.

Ich will nicht trinken, wenn er's nicht erzählt!
So sag uns doch mein Lieber, was so süß dich quält,
Welch eine Venus zähmt dich? Wie errötet dich ihr Feuer!
Ist deine Liebe wohl ein sündhaft Abenteuer?
Was du auch immer hast, vertraue dich uns an,
Bei uns ist's sicher, schweigen jeder von uns kann.

Ach Ärmster, arg hat die Charybdis dich erfasst,
Wo du weit besseres verdient doch hast. (3)
Wer könnte wohl dich retten aus der großen Not?
Durch Gift, durch Zauber – welche Hexe, welcher Gott?
Ich fürchte, dass die Fänge der dreiköpfigen Chimäre
Selbst Pegasus zu lösen nicht im Stande wäre.

(1) Die Thraker galten im alten Rom als versoffene, ungehobelte Barbaren
(2) Es galt bei den Römern als unschicklich, mit Waffen bei Tisch zu sitzen. In meiner Ausgabe von 1755 findet sich dazu der originelle Kommentar: „Die Thraker saßen mit dergleichen

Gewehr bei Tische: Heutzutage thun es die Polacken"
(3) Anscheinend hat der Bruder dieser Megilla sich mit einer Dame eingelassen, von der H. glaubt, dass sie weit unter dessen Niveau sei.

So frei wie eigentlich nicht nötig

Ihr streitet wüst und sitzt beim Wein?
Vulgäre Menschen tun das, lasst das sein!
Wir sind doch wohl erzogene Leute
Und keine Hottentottenmeute!

Dass ihr euch in der Kneipe prügelt, fehlte noch,
Reißt euch zusammen, und benehmt euch doch!
Bleibt mal mit Anstand ruhig auf Eueren Stühlen
Und lasst euch mal von mir herunter kühlen!

Ich soll mich zu Euch setzen, mit Euch saufen?
Dann sag du, Freund, was hast du wieder mal am Laufen?
Sprich, welche heißen Eisen hast du jetzt im Feuer?
Wohl wieder ein galantes Abenteuer?

Er will nicht reden? Gut, wenn der nicht spricht,
Dann trinke ich mit euch auch nicht!
Nun sag doch, wie man hört, lässt du dich mit gewissen Damen ein,
Ihr Ruf soll nicht der allerbeste sein.

Doch Schiller sagt: Es prüfe, wer sich bindet,
Ob sich nicht noch was Besseres findet!

Jetzt rede schon! Du weißt doch, dass hier keiner ratscht
Und dein Geheimnis weiter tratscht!

O Weh! So Mädchen sind wohl oft recht hübsche Dinger
Doch würd ich raten, lass davon die Finger!
Du bist mit denen auf ein Abenteuer aus –
Ein teuerer Abend kommt nur dabei raus!

Was denn, mein Lieber, könnt dir bei dem bösen Problem, das du hast, die Seele lösen?
Du könntest deine Sorgen hier mit unsrem Wein vertreiben,
Vielleicht hilft aber auch: Gedichte drüber schreiben!

II.19 Der Geist des Weines
Bacchum in remotis carmina rupibus

Bacchum in remotis carmina rupibus
vidi docentem, credite posteri,
    Nymphasque discentis et auris
    capripedum Satyrorum acutas.

Euhoe, recenti mens trepidat metu
plenoque Bacchi pectore turbidum
    laetatur. Euhoe, parce Liber,
    parce, gravi metuende thyrso.

Fas pervicacis est mihi Thyiadas
uinique fontem lactis et uberes
    cantare rivos atque truncis
    lapsa cavis iterare mella;

fas et beatae coniugis additum
stellis honorem tectaque Penthei
    disiecta non leni ruina,
    Thracis et exitium Lycurgi.

Tu flectis amnes, tu mare barbarum,
tu separatis uvidus in iugis
    nodo coerces viperino
    Bistonidum sine fraude crinis.

Tu, cum parentis regna per arduum
cohors Gigantum scanderet inpia,

Rhoetum retorsisti leonis
unguibus horribilique mala;

quamquam, choreis aptior et iocis
ludoque dictus, non sat idoneus
    pugnae ferebaris; sed idem
    pacis eras mediusque belli.

Te vidit insons Cerberus aureo
cornu decorum leniter atterens
    caudam et recedentis trilingui
    ore pedes tetigitque crura.

Diese Ode ist eine von denen, in der Horaz zeigt, dass er den guten Rat aus I.18, nämlich den Wein mäßig zu genießen, selber auch nicht immer ganz gewissenhaft befogt hat. Er scheint hier zumindest ziemlich angetrunken zu sein.

So wörtlich wie möglich

Glaubt mir, ich konnte in entlegenen Auen
Gott Bacchus ganz persönlich schauen,
Er sang Satyrn und Nymphen Lieder vor,
Die lauschten alle mit gespitztem Ohr.

Euhoe, [1] welch seltsam Regen spür ich in der Brust,
Welch eigenartige, verworrene Lust.
Ach lieber Bacchus, bitte schone mich!
Ich fürchte mich vor deinem Lanzenstich! [2]

Den Quellen süß von Wein und Milch, sowie auch den Thyriaden (3)
Sing ich jetzt ohne Ende herrliche Kantaten,
Wie auch dem Baumstumpf, aus dem Honig fließt,
Wenn Bacchus ihn mit seiner Lanze spießt. (2)

In ihrer Sternenkrone nun ich noch besingen muss,
Des Bacchus Gattin – und den Pentheus,
Dem einst der Gott im Zorn sein Haus zerbrach,
Sowie Lykurg, den Thraker, der verdarb in Schmach. (4)

Du zähmst den Waldstrom und das wilde Meer,
Tanzt auf der Klippen wanken Höh'n umher,
Ja selbst die Schlangenbrut im Haar der Bistoniden,
Wird durch dich harmlos und gibt Frieden.

Als der Giganten ruchlos wilde Schar,
Dem Reiche deines Vaters bracht Gefahr,
Da stießest du dem wilden Drachen,
Mit Löwenkraft in seinen grausen Rachen. (4)

Man sagt, du seiest zu Tanz und Spiel und Scherz
Geschaffen, jedoch nicht für Kampf und Schmerz,
Ob friedevoller Wettkampf oder blut'ge Schlacht,
Du hast zu beiden immer gleich entfacht.

Dich schaute einst geschmückt mit goldenem Horn und Reif,
Der Höllenhund, er legt´ sanft an den Schweif
Und schmeichelnd küsste dann der wilde Cerberus
Dir Scheidenden die Schenkel und den Fuß. (4)

(1) Mit dem Ruf „Euhoe" wurde Bacchus gegrüßt. Daher kommt auch sein Synonym „Euhius", das auch Horaz ab und zu gebraucht.
(2) Mit der Lanze ist der Thyrsus gemeint, den Gott Bacchus als Attribut trug. Wenn er Felsen oder Bäume damit anstach, sprudelte daraus Wein oder Honig, stach er aber einen Trinker damit, wurde der davon betrunken.
(3) Nymphen des Bacchus
(4) Sageninhalte: Der Palast des **Pentheus** wurde von Bacchus zerstört, weil der ihn nicht als Gott anerkennen wollte / **Lykurg** tötete im Rausch Frau und Tochter und wurde dann selber von Panthern zerrissen./ Am Kampf der olympischen Götter mit den **Giganten** nahm Bacchus in Löwengestalt teil und tötete mit seinem Thyrsus einen der Giganten / Der Höllenhund **Cerberus** ließ Bacchus ungehindert den Hades betreten und wieder verlassen

So frei wie eigentlich nicht nötig

Heut sitzt mit uns mal wieder in der Schänke,
Gott Bacchus ganz persönlich beim Getränke,
Wir singen mit ihm Schunkellieder da
Und spielen dazu Zieharmonika!

Oho! Wie fühle ich den Traubensaft vergoren
Ganz tief in meinem Inneren rumoren!
Ein eigenes Gefühl kommt in mir hoch
gekrochen,
Ich glaub, ich bin schon wieder ganz schön
angestochen.

Ein Loblied sing ich auf die Kellnerinnen,
Die uns so aufmerksam bedienen,
Sie lassen Bacchus Saft in Strömen fließen.
Wenn sie die Gläser immer voll uns gießen.

Auch die Frau Wirtin singe ich jetzt an,
Und hoffe, dass sie mir verzeihen kann,
Und hat´s nicht allzu übel mir genommen,
Dass neulich ich, bedudelt, mich mal schlecht
benommen.

Oh Bacchus, du machst heiter und beschwingt,
Zähmst manchen Wilden, bis er tanzt und singt.
Ja, selbst die giftigsten Emänzchen
Machst du zu netten, zarten Pflänzchen.

Gott Bacchus lässt mit seinem Wein,
Uns recht gelöst und fröhlich sein.

Doch neulich kamen ein paar Rüpel,
Und die benahmen sich recht übel!
Sie machten hier im Suff Rabatz,
Die flogen raus, das ging ratz-fatz!

Droht uns deNachbar mit der Polizei:
Wir störten ihn mit Lärmen und Geschrei,
Zur späten Stund in seiner Ruh!
Auch den zähmt Bacchus – er setzt sich dazu.

III.21 Ein ganz besonderer Tropfen
O nata mecum consule Manlio

O nata mecum consule Manlio,
seu tu querellas sive gens iocos
seu rix' et insanos amores,
seu facilem, pia testa, somnum,
quocumque lectum nomine Massicum
servas, moveri digna bono die
descende, Corvino iubente
promere languidiora vina
non ille, quamquam Socraticis madet
sermonibus, te negleget horridus;
narratur et prisci Cantonis
saepe mero caluisse virtus.
Tu lene torment' ingeni' admoves
plerumque duro; tu sapientium
curas et arcanum iocoso
consilium retegis Lyaeo;
tu spem reducis mentibus anxiis
viresqu' et addis cornua pauperi,
post te nequ' iratos trementi
reg' apices neque milit' arma.
Te Liber et si laet' aderit Venus
segnesque nodum solvere Gratiae,
vivaeque producent lucernae,
dum rediens fugat astra Phoebus.

So wörtlich wie möglich

Horaz sieht in dieser Ode offenbar den besonderen Anlass für gekommen, einen alten, edlen Wein anzubieten, der wohl in seinem Geburtsjahr gekeltert wurde. Dieser Corvinus, dem er diesen Wein nun einschenkt, war neben Mäcenas ein weiterer Förderer und Gönner von ihm.

Mein Mitgeborner aus dem gleichen Jahr,
Als Manlius damals Konsul war
Ob Gram du birgst, ob frohen Scherz,
Ob Lust der Liebe oder wilden Schmerz
Ob auch der Trunk aus der Karaffe,
Uns süßen, milden Schlaf verschaffe,
Von welcher Art auch sei der Wein,
Er ist's wohl wert, am guten Tag geholt zu sein.

Corvinus hier verlangt nach einem milden Wein,
Er sollte seiner Zunge freundlich sein!
Den wird er sicher nicht verschmäh'n, indes
Von seinen Lippen rinnt die Weisheit eines
Sokrates.

Vom alten Cato (1) sagt man ja,
Dass er mit Wein im Leib am tugendsamsten war.
Der Wein so manchen starren Geist
Mit sanfter Folter in die Schranken weist.
Und auch der Weisen Tiefsinn und Geheimnis ward
Recht oft dem heitren Geist des Bacchus offenbart.

Du machst durch Hoffnung stark die Seel' die
ängstlich klagt
Und du leihst Mut dem Darbenden der
furchtsam zagt,
Mit dir scheut er den Zorn des Mächtigen nicht
mehr
Auch nicht des Feindes wohlgerüstet Heer.

Mit dir, oh Bacchus, soll, wenn sie uns froh
erscheint,
Frau Venus mit den Grazien untrennbar vereint
Bei wachem Kerzenschein verlängern uns die
Nacht,
Bis die Gestirne scheucht des hellen Tages
Pracht.

> (1) Das war der, der mit seinem „Ceterum censeo,
> Carthaginem esse delendam" („Ich denke doch,
> man sollte Karthago platt machen!") den Römern
> so lange auf die Nerven ging, bis sie es
> tatsächlich taten.

So frei wie eigentlich nicht nötig

Heut schenk ich euch mal was ganz Edles ein,
Der Wein hier *muss* ein guter Jahrgang sein,
Er stammt aus haargenau demselben Jahr,
In dem auch ich geboren war.
Vielleicht macht er uns heiter und beschwingt,
Auch möglich, dass er einen bösen Kater bringt.
Es kann auch sein, wenn wir ihn trinken,
Dass wir in tiefen Schlaf versinken.

Egal, ein Tag wie heute ist es wert,
Dass man so eine edle Flasche leert!

Du, Konrad, weißt ja immer einen guten Wein zu schätzen.
Dann lass dir mal mit dem den Gaumen netzen!
Nun sag, wie schmeckt der, alter Junge?
Ist der wohl was für deine Philosophenzunge?
Von manchem Weisen ist ja wohlbekannt,
Dass er mit Wein sich schärfte den Verstand,
Und viele Philosophen hatten ihre trefflichsten Gedanken,
Wenn sie nur tüchtig sich mit Wein betranken.

Der Wein kann auch so manchen störrischen Rebellen
Auf wunderbare Weise friedlich stellen.
Und anders rum wurd mancher Angsthas schon mit ihm zum Held,
Der nichts und niemand fürchtet auf der Welt.
Mit Wein im Leib geht der durch jedes Höllenfeuer,
Ihn schreckt kein Staatsanwalt und keine Steuer.

Und wenn uns heut beim Wein in dieser schönen Nacht,
Auch noch die flotte Venus lieblich lacht,
Wir machen durch bis morgen früh – hurra,
Ein Vivat hoch, bums valera!

III, 25 Voll erwischt
Quo me, Bacche, rapis tui

Quo me, Bacche, rapis tui,
plenum? Quae nemor aut quos agor in specus,
   velox mente nova? Quibus
antris egregii Caesaris audiar

   aeternum meditans decus
stellis inserer' et consilio Jovis?
   Dic', insigne, recens, adhuc
indict' or' alio. Non secus in iugis

   edonis stupet Euhias,
Hebrum prospiciens et nive candidam
   Thracen ac pede barbaro
lustratam Rhodopen, ut mihi devio

   ripas et vacuum nemus
mirari libet. O Naiadum potens
   Baccharumque valentium
proceras manibus vertere fraxinos

   nil parv' aut humili modo,
nil mortale loquar. Ducle periculumst,
   o Lenaee, sequi deum
ringentem viridi tempora pampino.

In dieser Ode hat Horaz offensichtlich seinen guten Rat aus I.18 völlig vergessen. Er ist stockbesoffen! Numberger, meint, dass dies am 16. Januar 27 gewesen sein könnte. An diesem Tag verlieh der Senat nämlich dem Octavian den Ehrentitel „Augustus". Das wurde von seinen Anhängern natürlich gebührend gefeiert und begossen.

Horaz, der ja nun durch die Protektion des Mäcenas auch dazu gehörte, hat das offenbar recht ausgiebig getan und irrt nun total betrunken im Wald bei seinem Gütchen herum. Dabei stellt er sich vor, welch grandiose, nie da gewesene Hymne er jetzt auf Caesar Augustus schreiben wird.
.

So wörtlich wie möglich

Ach Bacchus, sag, wohin entführst du mich?
Fest hast du mich im Griff, durch Wälder irre ich
Mein armer Geist, wie ist er doch verwirrt
Und ich, der hier durch Felsenhöhlen irrt,
Ich hör mit Glut mich singen Cäsars (1) ewigen Preis
Den zu den Sternen ich nun heb und in den Rat des Zeus.
Ich tu Euch damit Großes jetzt und Neues kund,
Was nie gesungen hat wohl noch ein Mund!

So wie mit wachem Auge schaut von lichten Höhn
Die Euhias (2) auf den Hebrusfluss im fernen Thrakien,
Und auf den hohen Rhodope (3)
Mit seinem Gipfel weiß von Schnee,
Auf den die thrakischen Barbaren,

Mit leichtem Fuß zum Bachus hin wallfahren.
Genauso schau ich jetzt, vewirrt vom Wein,
Die Ufer hier und diesen öden Hain.

Ich will Lenäus (4) dich als Herrscher der Najaden (5) preisen,
Du machst Bacchanten, stark, mit Händen Bäume auszureißen.
So soll, o Gott, nichts Niedriges, Gewöhnliches von mir erklingen,
Nein, ein unsterblich Preislied will auch ich jetzt singen,
Wenn du aus Weinlaub einen Kranz mir bindest,
Den du mir um die heißen Schläfen windest.

(1) Gemeint ist wieder Caesar Augustus
(2) Euhias = Bacchus-Priesterin.
(3) Rhodope – Berg mit Bacchus-Heiligtum, dessen Bewohner in Rom als unzivilisierte Wilde galten.
(4) Synonym für Bacchus
(5) Nymphen des Bacchus

So frei wie eigentlich nicht nötig

Oh, heute ist mal wieder alles offen!
Du liebe Güte, ich bin ich stockbesoffen!
Mir ist, als irre ich durch nie gesehene Straßen
Und wanke durch mir völlig fremde Gassen.
Mein Singen von den Mauern widerhallt,
Und manchmal denk´ ich schon, ich bin im Wald!

Mir fallen jetzt, beseelt vom Wein,
Tatsächlich ganz geniale Verse ein.
So etwas, das kann ich euch schwören,
So etwas werdet ihr von keinem wieder hören!

Ach Evchen, schau mich nicht so komisch an,
Durch einen Rausch wird erst ein Mann zum Mann!
Ich merk, wie ich vom Wein beseelt geniale Verse schreibe!
Hier unter lauter netten Leuten in der Kneipe
Und hübschen Mädchen, die das Herz erfreuen,
Wird mir „so kannibalisch wohl, als wie fünfhundert Säuen!"

Was habt ihr jetzt? Nun schaut doch nicht so blöde!
Was ich zitier, ist aus dem Faust von Goethe!
Ich würde es bei euch doch nie und nimmer wagen,
Was Ordinäres, Unanständiges zu sagen!
Ach Leutchen, Euer Wein der ist nicht ohne!
Ich habe ganz schön einen in der Krone!

I.9 Winterfreuden
Vides ut alta stet nive candidum Soracte

Diese Ode hätte ich eigentlich ganz an den Anfang setzen müssen. Mit der fing ja alles hier an. Sie war sozusagen die Initialzündung. Vom Thema her gehört sie aber besser hierher, und sie bildet außerdem eine gute Überleitung vom Thema „Wein" zum Thema „Weib"

Vides ut alta stet nive candidum
Soracte, nec iam sustineant onus
        silvae laborantes, geluque
        flumina constiterint acuto:

Dissolve frigus ligna super foco
large reponens, atque benignius
        deprome quadrimum Sabina,
        o Thaliarche, merum diota.

Permitte divis cetera: qui simul
stravere ventos aequore fervido
        deproeliantes, nec cupressi
        nec veteres agitantur orni.

Quid sit futurum cras fuge quaerere, et
quem fors dierum cumque dabit lucro
        adpone, nec dulces amores
        sperne puer neque tu choreas,

donec virenti canities abest
morosa. Nunc et campus et areae

lenesque sub noctem susurri
composita repetantur hora;

nunc et latentis proditor intimo
gratus puellae risus ab angulo,
pignusque dereptum lacertis
aut digito male pertinaci.

So wörtlich wie möglich

„Thaliarch", der Adressat dieser Ode, soll mal wieder ein Pseudonym sein, das man etwa mit „Führer der Festfreude" übersetzen könne, also „Gastgeber".
Wenn H. den jetzt auffordert, ihm aus der Diota einzuschenken, dann hat er es gut vor! Diese Diota soll ein großer Zweihenkelkrug gewesen sein, der etwa 26 Liter fasste. Wenn die den ganz austrinken wollten, dann erinnert mich das lebhaft an einen saloppen Spruch aus meiner Studentenzeit: „Lasst uns mal hart saufen!"

Du siehst, wie des Soracte (1) schroffer
Felsengipfel
Steht tief verhüllt in Winterweiß
Vom Schnee beladen biegen ächzend sich der
Bäume Wipfel
Die Flüsse liegen starr vom scharfen Frost in
Eis.

Vertreib die Kälte, leg im Ofen ein
Die dicken Hölzer, nimm davon genug,
Und schenk mir reichlich ein den köstlichen Sabinerwein
O Thaliarch, aus der Diota, dem Zweihenkelkrug!

Lass ruhig den Rest den Göttern, die indessen
Den Sturm beruhigten, der da tobte auf dem wilden Meer,
Sieh hin, ruhig stehen wieder die Zypressen
Und auch die alten Eschen biegen sich nicht mehr.

Was morgen sein wird, solltest du nicht fragen,
Ein jeder Tag, den dir das Schicksal schenkt, sei dir Gewinn,
Des Lebens Freuden solltest du dich nie versagen,
Genieß das Jungsein, gib dem Tanz dich hin.

Solang die fahle Gräue dir noch fern, die Jugend dir noch lacht
Find dich zur rechten Zeit am rechten Platze ein,
Beim leisen Flüstern in der dunklen Nacht,
Zum heimeligen Stelldichein.

Horch auf des Mädchens Lachen im Versteck,
Willkommener Verräter ist es dir, fang sie dir ein.
Streif ihr als Pfand den Reif vom Arm ganz keck,

Der nur noch schwach sich sträubt – und sie ist dein!

> (1) Soracte: markanter Berg mit steil aufragendem Felsen in der Nähe Roms

So frei wie eigentlich nicht nötig

Ja schau einmal, wie´s heute schneit!
Die Kälte beißt uns in die Ohren.
Weiß, wo man hinschaut, weit und breit,
Sogar die Flüsse sind fest zugefroren.

Wir schüren uns den Schwedenofen ein,
Und machen´s uns davor gemütlich.
Wir öffnen dazu einen edlen Wein,
Mit dem im Glas tun wir uns gütlich.

Den Herrgott lassen einen guten Mann wir sein,
Den Wintersturm hat er beruhigt, die Bäume wanken gar nicht mehr.
Doch trinken wir zwei weiter diesen schweren Wein,
Dann wanken sicher wir bald hin und her.

Was bringt´s, wen wir nach morgen fragen?
Genießen wir doch jeden Tag,
Und holen uns in flotten Jugendtagen,
Was uns das Leben da so bieten mag.

Von jeher reich ist unsere Stadt an schönen
Frauen!
Solang wir jung sind, keine alten Knaben,
Da sollten wir nach denen eifrig schauen
Und unsere Chancen nutzen, die wir haben.

Und weist so eine Hübsche dich erst mal zurück
Zeigt zugeknöpft sich und recht spröd,
Zeig deinen Charme! Versuch dein Glück!
Ein Küsschen und ein Lächeln - und es geht.

Damit haben wir die Überleitung vom Thema „Wein" zum Thema „Weib" – zur Liebe. Auch auf diesem Gebiet scheint Horaz äußerst aktiv gewesen zu sein. „Der Liebe gilt mein dichterisches Schaffen / Aus Spaß daran, doch auch aus vollem Herzen", sagt er ja am Schluss der Ode I.6

Freundlich blick ich auf diese und jene,
Die wie Sterne, wie Sterne, mich leuchtend
umgeben
Doch mich fesseln, soll nie eine Schöne,
Nein, ich blühe für keine allein

Das ist nicht Horaz! – Das ist Francesco Maria Piave. Wer das ist? Opernfreunde werden es vielleicht wissen oder es aus dem Text erkannt haben: Der Librettist von Verdis Rigoletto und das ist der Text einer flotten Canzone, mit der sich der Herzog von Mantua gleich am Beginn der Oper als Frauenheld zu erkennen gibt.

Horaz offenbart sich in einigen seiner Oden als ein ähnlich loser Vogel wie dieser Herzog im Rigoletto. Die erste zeigt ihn gleich „auf der Jagd" und erinnert mich ebenfalls an Rigoletto. Mit ganz ähnlichen Sprüchen steigt da der Herzog – gleich im Anschluss an diese eben zitierte Canzone - der Contessa Ceprano nach.

I.23 An eine spröde Schöne
Vitas hinuleo me similis, Chloe

> Vitas hinuleo me similis, Chloe,
> quaerenti pavidam montibus aviis
>   matrem non sine vano
>   aurar' et siluae metu.
>
> Nam seu mobilibus veris inhorruit
> adventus foliis, seu virides rubum
>   dimovere lacertae
>   et cord' et genibus tremit.
>
> Atqui non ego te tigris ut aspera
> Gaetulusve leo frangere persequor:
>   Tandem desine matrem
>   tempestiva sequi viro.

So wörtlich wie möglich

Sag warum fliehst du denn vor mir, Chloe?
So wie in unwegsamen Bergen ein erschrecktes Reh,
Das sich im Walde grundlos fürchtet vor den Winden,
Und kann voll Angst die Mutter dort nicht finden.

Das Rehlein ängstlich nach der Echse lauscht,
Die raschelnd unter dürren Sträuchern rauscht,
Hört bang den Frühlingswind, der in den Blättern webt,
Es zittern ihm die Knie, sein Herzchen bebt.

Hab keine Angst vor mir, Chloe, sei still,
Ich bin kein wilder Tiger, der dich reißen will,
Was schmiegst du dich so furchtsam an die Mutter an?
Du bist erblüht, Chloe, bist reif für einen Mann!

„Chloe" soll nach Ansicht der Fachleute ein Pseudonym sein, ein griechisches Wort. Es bedeute soviel wie „zartes, junges Grün". Wirklich? Ich habe da meine laienhaften Zweifel. Allein in den paar Oden, die ich gelesen habe, taucht der Name Chloe so oft auf, dass ich denke, H. hat da ganz reell eine gekannt.

So frei wie eigentlich nicht nötig

Chloe, was reißt du vor mir aus, so wie ein aufgescheuchtes Huhn?
Jetzt wart doch mal, ich will dir doch nichts tun!
Ich hab nichts Unanständiges mit dir im Sinn,
Renn doch nicht gleich zu deiner Mutter hin!

Du bist ja scheuer als im Wald ein Reh,
Das vor mir weg rennt, kaum dass ich es seh,
Genauso wie dies Tierchen läufst du schon,
Kaum dass du mich von weitem siehst davon.

Ich bin kein Wüstling, der dich wild erhascht,
Und dann mit Haut und Haaren gleich vernascht.
Häng nicht so ängstlich an die Mutter dich!
Komm, Mädchen, sei gescheit – nimm einen Mann wie mich!

Wenn Horaz bei seiner Jagd erfolgreich war, schien er aber nicht der treueste Liebhaber gewesen zu sein. Auch hier, so scheint es, glich er dem Herzog im Rigoletto. Dessen flotte Canzone geht dann so weiter:

Die Natur will uns alle beglücken
Nur der Wechsel verschönert das Leben!

Mag die Eine mich heute entzücken,
Morgen wird mich die Andere erfreu´n

Dieses erotische Bäumchen-wechsel-dich-Spiel
scheint er auch betrieben zu haben. Das zeigt die
folgende Ode recht herzerfrischend:

III.9 Wiederfinden mit einer Ex
Donec gratus eram tibi

"Donec gratus eram tibi
nec quisquam potior bracchia candidae
cervici iuvenis dabat,
Persarum vigui rege beatior"

„donec non alia magis
arsisti neque erat Lydia post Chloen,
multi Lydia nominis
Romana vigui clarior Ilia."

«Me nunc Thressa Chloe regit,
dulces docta modos   et citharae sciens,
   pro qua non metuam mori,
si parcent animae   fata superstiti.»

   «Me torret face mutua
Thurini Calais   filius Ornyti,
   pro quo bis patiar mori,
si parcent puero   fata superstiti.»

«Quid si prisca redit Venus
diductosque iugo   cogit aheneo?
　Si flav' excutitur Chloe,
reiectaeque patet   ianua Lydiae?»

«Quamquam sidere pulchrior
ill' est, tu levior   cortic' et inprobo
　iracundior Hadria:
Tecum vivere amem,   tec' obeam libens!»

So wörtlich wie möglich

„Als du mir hold noch warst, solang
Kein Anderer seinen Arm um dich
Und deinen weißen Nacken schlang,
Fühlt glücklicher und reicher ich als Persiens
König mich! (1)"

„Als du noch glühtest einzig und allein für mich,
Als es noch keine Chloe (2) gab vor Lydia,
Wie war mein Name groß für dich,
Du hast mich mehr verehrt als Rom die Ilia. (3)"

„Chloe aus Thrakien herrscht jetzt über mich,
Klug ist sie, schön, singt nach der Zither mir von Liebe,
Und ohne Zögern für sie stürbe ich,
Wenn nach der Götter Rat sie dafür leben bliebe."

„Ich lieb´ jetzt Clais, den Sohn des Thyrus sehr,
Er schmeichelt mir mit heißem Liebeswerben,
Wenn es der Götter Wille wär,
Dann wollte ich für ihn gern zwei Mal sterben."

„Wenn unters alte, eherne Joch indessen
Uns zwei Getrennte beugte neue Liebe,
Wenn nun die blonde Chloe wär für mich vergessen,
Ob Lydias Tür mir dann auch wieder offen bliebe?"

„Es strahlt wohl jener goldener als die Sterne mir,
Du bist ein schwankend Rohr, unsteter als die Adria,
Doch ach, wie gerne lebte ich mit dir,
Und stürbe mit dir auch – oh ja!"

(1) Der König von Persiens galt im alten Rom als das höchste Symbol für Reichtum und damit auch für Glück.
(2) Chloe! Wirklich nur ein Pseudonym?
(3) Die Ilia war die Stammmutter der Römer. Die glaubten ja direkt von Troja (Ilion) abzustammen.

So frei wie eigentlich nicht nötig

„Du hast doch mal allein auf mich gestanden,
Kein anderer kam da an dich ran,
Und alle meinten, die uns kannten,
Dass nichts und niemand uns je trennen kann"

„Ich weiß – die Zeit ist wirklich schön gewesen.
Mein Gott, warst du in mich verknallt!
Doch dann kam die Beate, dieser Besen
Und stellte mich auf einmal bei dir kalt!"

„Ach ja, Beate, die hat mich jetzt fest im Griff,
In dich war ich nie so verknallt, wie jetzt in die.
Hübsch ist sie und gescheit, hat den gewissen Pfiff,
Und müsst es sein, dann stürbe ich für sie!"

„Ich bin jetzt voll auf Theo abgefahren,
Er sieht gut aus, er ist stinkreich.
Vernünftiger als du ist er, sehr welterfahren,
Für den Schatz stürb ich zweimal gleich."

„Was meinst du, ob´s für uns noch eine Chance gäbe,
Dass wir zwei doch noch mal zusammen kommen?
Wenn ich Beate jetzt den Laufpass gebe,
Würd ich bei dir dann wieder gnädig aufgenommen?"

„Hör zu: Der Theo ist ein Traum von einem Mann,
Ist zuverlässig, trinkt nicht so wie du, ist treu,
Ein Windhund, so wie du, dem nie das Wasser reichen kann -
Na ja, komm her – versuchen wir´s noch mal, wir zwei."

I.22 Liebesträumereien
Integer vitae scelerisque purus

Integer vitae scelerisque purus
non eget Mauris iaculis nequ' arcu,
nec venenatis gravida sagittis,
    Fusce, pharetra,

sive per Syrtes iter aestuosas,
sive facturus per inhospitalem
Caucasum vel quae loca fabulosus
    lambit Hydaspes.

Namque me silva lupus in Sabina,
dum meam canto Lalagen et ultra
terminum curis vagor expeditis,
    fugit inermem,

quale portentum neque militaris
Daunias latis alit aesculetis,
nec Iubae tellus generat, leonum
    arida nutrix

Pone me pigris ubi nulla campis
arbor aestiva recreatur aura,
quod latus mundi nebulae malusque
    Iuppiter urget;
pone sub curru nimium propinqui
solis, in terra domibus negata:
Dulce ridentem Lalagen amabo,
    dulce loquentem.

So wörtlich wie möglich

Wer frei von Schuld, untadelig im Leben,
Muss nicht mit Speer und Bogen sich begeben,
noch braucht, oh Fuscus, er zu seiner Wehr
Den Köcher, voll von giftigen Pfeilen schwer.

Ob durch die heißen Syrten führt sein Weg,
Ob durch den wilden Kaukasus auf wankem Steg,
Sei´s, dass die wilden Regionen er durchmisst,
Durch die der viel besungene Hydaspes fließt.

Jüngst floh ein Wolf vor mir, bei einem Gang
Durch den Sabinerwald, wobei ich meine Lalage besang.
Ich streifte waffenlos und guten Mutes
Jenseits der Grenzen meines Gutes.

Ein Ungeheuer war´s, vor dem ein jeder Mensch erbebt
So wie es nicht in Daunias wilden Wäldern lebt,
noch wie´s hervorbringt Jubas Land,
Wo Löwen streifen duch den trocknen Wüstensand.

Setze mich aus auf offenem, brachen Feld
Bring mich an einen schlimmen Ort in dieser Welt,
Wo nie ein Baum sich schmückt in sommerlichem Grün,
Der Nebel drückt und schwere Wolken zieh´n.

Setz mich ganz nah der Sonne aus, in Regionen
Wo niemals werden Menschen wohnen,
Ich werde meine Lalage, wo ich auch sein werd,
lieben,
Wenn nur ihr süßes Lachen und ihr süßes
Plaudern mir geblieben.

So frei wie eigentlich nicht nötig

Ich sinne jetzt auf eine gute Travestie,
Doch mal ganz ehrlich: Ich weiß nicht recht wie
Ich die Gedanken des Horaz hier wohl
Ganz nachvollzieh´n und travestieren soll.
Er sagt, er sei, total in diese Lalage verknallt,
Verträumt gestreift durch den Sabinerwald,
Ein wilder Wolf, der ihm entgegen da
gekommen,
Der habe vor ihm gleich Reißaus genommen.
Wenn dieses Untier schnell vor ihm davon
getrabt,
Dann würd ich sagen: Glück gehabt!
Doch dass ein heiß verliebter Mann
Deshalb auch jeden Schutz entbehren kann,
Gleich diesen Schluss daraus zu zieh´n,
Erscheint mir doch schon reichlich kühn.
Ich will mal kurz zusammenfassen:
Darauf tät ich mich nicht verlassen!
Zu dem Gedanken, dass er immerfort
Die Lalage wollt´ lieben, gleich an welchem Ort,
Selbst, wenn man ihn am Nordpol ausgesetzt,
Weiß ich ein „Ähnliches"! Das bring ich jetzt

Ähnliches.

Die ganze Ode, besonders aber die letzten beiden Strophen davon erinnern mich sehr an eine Strophe aus dem Volkslied „Ännchen von Tharau":

Würdest gleich einmal du von mir getrennt,
Lebtest da, wo man die Sonne kaum kennt:
Ich will dir folgen, durch Wälder, durch Meer,
Durch Eis, durch Eisen, durch feindliches Heer.
Ännchen von Tharau, mein' Sonne, mein Schein,
Mein Leben schließ' ich in deines hinein.

Und zu den letzten Versen, in denen sich Horaz über das süße Plaudern seiner Lalage so sehr entzückt, fällt mir noch ein recht böses Gedicht über „die Zeit danach" von Eugen Roth ein.

Ein Mensch, der eine Freundin hatte,
Ist jetzt, seit Jahren schon, ihr Gatte.
Er hat´s mit diesem Weibe schwer:
Es redet nämlich dumm daher.
Er meint, es werde täglich schlimmer –
Doch nein – so dämlich war sie immer.
Es liegt nur an der Jugend Schwund:
Süß klang Geschwätz aus süßem Mund.

Ob die Geschichte später dann bei Horaz genauso weitergegangen ist? Er entzückt sich ja gerade in seinem Gedicht über das „Geschwätz aus süßem Mund". Dass er aber später, wie der Mensch bei Eugen Roth „seit Jahren schon Lalages Gatte" war und dann, nach „der Jugend Schwund", ihr „süßes

Plaudern" nur noch als dummes Gerede empfunden hat, das nehme ich bei seinem flotten Liebesleben eher nicht an. Da wird er wohl dazwischen, vielleicht sogar ein paar Mal, nach der Devise des Herzogs im Rigoletto verfahren sein: „Nur der Wechsel verschönert das Leben". Meines Wissens hat er auch nie geheiratet.

III.10 Abgeblitzt
Extremum Tanain si biberes, Lyce

Extremum Tanain si biberes, Lyce,
saevo nupta viro, me tamen asperas
porrectum ante foris obicere incolis
    plorares Aquilonibus.

Audis quo strepitu ianua, quo nemus
inter pulchra satum tecta remugiat
ventis, et positas ut glaciet nives
    puro numine Iuppiter?

Ingratam Veneri pone superbiam,
ne currente retro funis eat rota:
non te Penelopen difficilem procis
    Tyrrhenus genuit parens.

O quamvis neque te munera nec preces
nec tinctus viola pallor amantium
nec uir Pieria paelice saucius
curuat, supplicibus tuis

parcas, nec rigida mollior aesculo
nec Mauris animum mitior anguibus:
non hoc semper erit liminis aut aquae
    caelestis patiens latus.

So wörtlich wie möglich

Wenn sich Horaz vielleicht als Liebhaber für unwiderstehlich hielt, diese Ode hier zeigt , dass er es doch zumindest nicht immer war und das hat ihn dann offenbar schwer geärgert.

Und lebtest, Lyce du, im allerfernsten Land,
Als Gattin eines rauen Skythen an des Tanais Strand
So sollt es doch auch dir zu Herzen gehen
Im rauen Nordwind schutzlos mich vor deiner Tür zu sehen.

Hörst du, die Türe knarrt im wilden Sturmgebraus,
Wild schütteln sich die Bäume deines Hains am Haus,
Das Land wird auf Jupiters Wink von Schnee ganz weiß,
Und es erstarrt die Welt vom kalten Frost in Eis!

Dass du so grausam zu mir bist, hat Venus nicht gewollt!
Sie will nicht, dass die Rolle auf dem Seile rückwärts rollt.
Und als Penelope hat dich dein Vater sicher nicht gezeugt,
Die spröde sich zu jedem Freier zeigt!

Und lässt du auch von den Verehrern nicht, den bleichen,
Durch Bitten und Geschenke dir das Herz erweichen,
Und lässt den Mann nach einer Dirne aus Piriea schmachten,
So solltest du mein flehend Bitten nicht verachten.

Und bleibst du weiter hart wie Wintereichenholz,
Bleibst unbeugsam, du Schlange, und zeigst weiter dich so stolz,
So bin ich länger nicht gewillt, dass ich auf deiner Schwelle leide,
Und Schnee und Regen dulde, dann such ich das Weite!

So frei wie eigentlich nicht nötig

Sag mal Luisa, findest du das schön?
Du lässt mich stundenlang vor deiner Türe stehen,
Du machst nicht auf, du kommst nicht raus,
Dabei weiß ich genau, du bist zu Haus!

Ich steh im Regen, es ist lausig kalt,
Quälst du mich länger so, erkälte ich mich bald!
Und jetzt fängt´s gar noch an zu schnei´n
Lass mich doch endlich einmal zu dir rein!

Es ist ganz sicher nicht im Sinn der Sache,
Dass ich mich wegen dir zum Vollidioten mache,
Und warte, bis die Gnädige geneigt,
Sich mir herabzulassen zeigt.

Ich glaub, ich hab schon viel zu viel probiert,
Hab viel zu viel in dich schon investiert,
Als gäb´s nicht andre, schöne Frauen,
Nach denen es sich lohnt, zu schauen.

Lass mich dir´s sagen, dass du´s weißt:
Das geht mir langsam auf den Geist!
Ich werd mich jetzt von dannen schwingen,
Und grüß dich ritterlich - wie Götz von Berlichingen.

I.8 Die dumme Liebe
Lydia, dic, per omnis

Lydia, dic, per omnis
 te deos oro, Sybarin cur properes amando
   perdere, cur apricum
 oderit Campum, patiens pulveris atque solis,

cur neque militaris
 inter aequalis equitet, Gallica nec lupatis
   temperet ora frenis.
 Cur timet flavum Tiberim tangere? Cur olivum

sanguine viperino
 cautius vitat neque iam livida gestat armis
   bracchia, saepe disco
 saepe trans finem iaculo nobilis expedito?

quid latet, ut marinae
 filium dicunt Thetidis sub lacrimosa Troia
   funera, ne virilis
cultus in caedem et Lycias proriperet catervas?

So wörtlich wie möglich

Ich bitte dich bei allen Göttern, Lydia, tu mir kund,
Was richtest den Sybaris du mit deiner Liebe so zu Grund?
Warum gerade er, dem Staub und Sonne niemals waren eine Last,
Jetzt plötzlich so das sonnige Marsfeld hasst?

Ich frage dich, warum er seine Waffenbrüder meidet,
Mit ihnen nicht mehr wilde, gallische Pferde reitet,
Sich weigert, die am scharf gezacktem Zügel stark zu führen,
Auch scheut er sich den gelben Tiber zu berühren.

Er meidet Öl als wär es Schlangenblut und seine Wunden,
Die er von harten Waffengängen trug, sind längst verschwunden.
Auch von dem Ruhm, dass er den Diskus und den Speer,
Weit übers Ziel wirft, blieb ihm gar nichts mehr!

Warum verbirgt er sich, so wie der Thetis großer Sohn,
Einst vor dem jammervollen Untergang von Ilion?
Man sagt, der hielt verborgen sich, damit er nicht als Mann
Zum Kampfe gegen Lykiens Krieger trete an. (1)

---

(1) Hier spielt H. auf eine Geschichte aus der Ilias an. Achilles, der die ganze Zeit beim Kampf um Troja sowieso nicht mitmachte, weil er auf den Agamenon stinkig war, versteckte er sich mal eine Zeit lang in Mädchenkleidern unter den Töchtern des Königs von Skyros.

So frei wie eigentlich nicht nötig

Ach, Lydia, sag mir doch um alles in der Welt,
Was hast du denn mit unsrem Siegfried angestellt?
Er, der sonst immer auf dem Sportplatz nur zu treffen war,
Der macht sich dort jetzt ausgesprochen rar.

Er lässt sich nirgendwo mehr sehen!
All seine Freunde können so was nicht verstehen:
Er kommt nicht mehr zum Training und zum Trimmen,
Man sieht ihn auch nicht mehr beim Schwimmen.

Ihn konnte doch in früheren Tagen
Im Wettkampf kaum mal einer schlagen,
Jetzt schämt er sich, wenn ein paar blaue Flecken
Mal seine Glieder irgendwo bedecken.

Doch das ist ja nicht neu, was ich berichte
Ganz alt ist vielmehr die Geschichte:
Lässt sich ein Sportler ein mit Frauen,
Sie die Karriere ihm versauen!

I,19 Johannistrieb
Mater saeva Cupidinum

Mater saeva Cupidinum
Thebanaeque iubet me Senelae puer
Et lascivia Licentia
Finitis animum reddere amoribus

Urit me Glycerae nitor
Splendentis Pario marmore purius
Urit grata protervitas
Et vultus nimium lubricus adspici.

In me tota ruens Venus
Cyprum deseruit nec patitur Scythas
Aut versus animosum equis
Parthum dicere nec quae nihil attinent.

Hic vivum mihi cespitem, hic
Verbenas,pueri, ponite turaque
Bimi cum patera meri :
Mactata veniet lenior hostia.

Horaz scheint sich hier im reiferen Alter noch einmal verliebt zu haben, wahrscheinlich unter Alkoholeinfluss. In der ersten Strophe dieser Ode sagt er nämlich, dass die Venus zusammen mit Licentia und dem Sohn der Thebischen Semele seine Seele quäle. Licentia war die Göttin der zügellosen Ausgelassenheit, der Sohn der Thebischen Semele war Bacchus.

So wörtlich wie möglich

Die Liebesgöttin quält mal wieder grausam meine Seele
Zusammen mit Licentia und dem Sohn der Thebischen Semele,
Sie wecken wilde, zügellose Triebe,
In mir, der ich schon abgeschlossen hatte mit der Liebe.

Die Schönheit Glyceras erregt mir süße Wonnen,
Viel heller strahlt sie mir als tausend Sonnen.
Ich fühle mich von ihrer Keckheit heftig angerührt,
Ihr kesser Blick mich aufreizt und verführt.

Die Göttin Venus, die wohl Zypern hat verlassen,
Stürmt mächtig auf mich ein, sie macht mich rasen.
Ich soll nicht mehr von Skythen oder Parthern singen,
Auch nicht von andren, ihr bedeutungslosen Dingen.

Bringt frischen Rasen mir und heiliges Laub, ihr Knaben
Bringt mir auch Weihrauch mit für meine Opfergaben.
Der Göttin will ich reichen eine Schale Wein
Dann, hoff ich, wird sie gnädiger mit mir sein.

So frei wie eigentlich nicht nötig

Ich bin verwirrt, wie kann das sein?
Ich trank nur ein paar Gläser Wein,
Und werde plötzlich wild, bin heiß verliebt!
Dass es in meinen Jahren so was gibt!

Die schöne Gisela, die macht mich völlig an,
Dass ich den Blick gar nicht mehr von ihr
wenden kann.
Die blinzelt ständig her so frech und keck,
Ich bin davon ganz hin und weg!

Frau Venus sucht sich doch zumeist als Beute
Auf ihrer Jagd nur junge Leute.
Wenn ich in meinem Alter mich verlieb,
Dann nennt man das Johannistrieb!

Na gut! Dann will ich mal an meinem Äußeren
feilen.
Geh in ein Studio und lass mich entsprechend
stylen.
Zur Apotheke geh ich später dann,
Was ich da hol geht euch nichts an!

Die nächsten drei Oden zeigen, dass Horaz, wie alle Machos, stinkesauer war, wenn *ihn* mal eine sitzen ließ.

I.13 Rasende Eifersucht
Cum tu, Lydia, Telephi

Cum tu, Lydia, Telephi
 cervicem roseam, cerea Telephi
laudas bracchia, vae meum
fervens difficili bile tumet iecur.

 tum nec mens mihi nec color
certa sede manet, umor et in genas
furtim labitur, arguens,
quam lentis penitus macerer ignibus.
 uror, seu tibi candidos
 turparunt umeros inmodicae mero
rixae, sive puer furens
inpressit memorem dente labris notam.

non, si me satis audias,
speres perpetuum dulcia barbare
laedentem oscula, quae
quinta parte sui nectaris imbuit.

felices ter et amplius
quos inrupta tenet copula nec malis
divolsus querimoniis
suprema citius solvet amor die.

So wörtlich wie möglich

Wenn du, oh Lydia, mit Genuss
Vom Rosennacken schwärmst, des Telephus
Und seinen Armen, weißer noch als Wachs; ach, dann
schwillt mir die gallerfüllte Leber an!

Die Sinne schwinden mir, ich werde blass,
Die Wange, sie wird mir von Tränen nass,
Was jedem gleich verrät, wie´s mir im Innern gärt
Den Brand, der langsam schleichend mich verzehrt.

Wie schmerzt´s mich, deine Schultern hell und schön
Vom weinberauschten Frevel schlimm entstellt zu sehen,
Genauso, wenn der Jüngling lüstern und verzückt
Dir seines Zahnes Male auf die Lippen drückt!

Ach Lydia, würdest du nur auf mich hören;
Du ließest dir nicht Treue schwören,
Von dem, der grausam jene Küsse nur entweiht
Denen Frau Venus selbst die Süße nur verleiht!

Oh, mehr als dreimal glücklich will ich jene nennen,
Die zart ein Band verknüpft, durch keinen Zwist zu trennen,

Ein Band, das auch kein böses Missgeschick zerschneidet,
Die treu sich sind, bis dass der Tod sie scheidet.

So frei wie eigentlich nicht nötig

Ach, Lydia, du machst mich ganz kirre,
Die Galle schwillt mir und ich werd noch irre,
Schwärmst weiter du ganz hingegeben so,
Von Theo, diesem Schönling, diesem Beau!

Ich könnte närrisch werden, wenn ich so was seh,
Ich könnte heulen, werde weiß wie Schnee,
Und ich kann nicht verbergen, wie mir´s stinkt,
Wenn Lydia in Theos Arme sinkt!

Den Knutschfleck, den du auf der Schulter hast,
Hat dieser Wüstling dir bestimmt im Suff verpasst!
Und küsst er dich, dann tut er´s jedem kund
Durch seinen Zahnabdruck auf deinem Mund!

Ach Lydia, hör doch mal auf mich:
Der Mensch ist doch kein Mann für dich!
Der lässt doch jedes Feingefühl vermissen,
Der kann doch gar nicht zärtlich küssen!

Du wärest glücklich in der Liebe
Mit einem Mann, der treu dir bliebe,
Der bis ans Ende fest ergeben dir und ritterlich,
Na ja – halt einer so wie ich!

I.5 An eine Untreue
Quis multa gracilis te puer in rosa

Quis multa gracilis te puer in rosa
perfusus liquidis urget odoribus
grato, Pyrrha, sub antro?
cui flavam religas comam

simplex munditiis? heu quotiens fidem
mutatosque deos flebit et aspera
nigris aequora ventis
emirabitur insolens,

qui nunc te fruitur credulus aurea,
qui semper vacuam, semper amabilem
sperat, nescius aurae
fallacis. miseri, quibus

intemptata nites: me tabula sacer
votiva paries indicat uvida
suspendisse potenti
vestimenta maris deo.

So wörtlich wie möglich

Welch holder Knabe, Pyrrha, durfte dich liebkosen
Dort in der lauschigen Grotte, duftend süß von Rosen?
Wen hast du durch dein offenes blondes Haar entzückt,
Das dich so einfach aber reizend schmückt?

O weh, wie wird er oft noch weinend klagen,
Dass du die Treue brachst, die Götter ihn geschlagen.
Wie oft wird er voll Gram und Grauen
Vom Sturme aufgewühlte Wogen schauen?

Er, der dich als sein goldnes Mädchen jetzt genießt,
Er glaubt, dass immer du so frei, so lieblich bist,
Und er verkennt der Lüfte Trug!
Der Unglückselige, er kennt dich nicht genug!

Dass ich dereinst mein nasses Kleid
Dem Gott aufhing, der über´s Meer gebeut,
Das macht die heilige Tafel wohl bekannt
Im Neptunstempel an geweihter Wand. (1)

(1) H. will mit diesem Bild sagen, dass er bei dieser Pyrrha Schiffbruch erlitten hat. Die geretteten Schiffbrüchigen hängten nämlich als Dank für ihre Rettung ihre nassen Kleider im Neptunstempel auf.

So frei wie eigentlich nicht nötig

Wer, Petra, war denn dieser holde Knabe,
Mit dem ich in der Rosenlaube dich gesehen habe?
Du hast ja dort mit deinen Reizen nicht gegeizt
Und diesem Jüngling tüchtig eingeheizt.

Ach, wie tut mir der arme Junge leid,
Der Tag, er kommt für ihn mit Sicherheit,
Wo er sich fühlt von Gott und aller Welt verlassen
Und heult, denn du, du hast ihn sitzen lassen!

Noch freut er sich, dass andre ihn um dich beneiden,
Und dass dies bliebe so für alle Zeiten,
Das glaubt er jetzt noch voller Zuversicht!
Der arme Kerl, er kennt dich nicht!

Das bleibt nicht so! Das habe ich vor Jahren
Bei dir sehr böse selber schon erfahren.
Ich stifte jetzt für die gehabten Schmerzen
In Vierzehnheiligen ein paar Kerzen!

III.26 Rachegedanken gegen eine weitere Untreue
Vixi puellis nuper idoneus

Vixi puellis nuper idoneus,
et militavi non sine gloria;
     nunc arma, defunctumque bello
     barbiton hic paries habebit,

laevum marinae qui Veneris latus
custodit. Hic, hic ponite lucida
     funali' et vectes et arcus
     oppositis foribus minaces.

O quae beatam diva tenes Cypr' et
Memphin carentem Sithonia nive,
     regina, sublimi flagello
     tange Chloen semel arrogantem!

In dieser Ode fühlt sich Horaz, als enttäuschter Liebhaber, wie ein Veteran, der den Kriegsdienst quittiert. Die hängten ihre Waffen im Tempel des Kriegsgottes Mars, links neben dessen Statue, auf. Das hat Horaz jetzt, im Venustempel mit seinen „Waffen" vor.
Seine „Waffen", die er an geweihter Wand ablegen will, sind: zuerst die Leier. Die ist wieder symbolisch für seine Gedichte zu sehen, mit denen er seine Geliebte (die übrigens schon wieder Chloe heißt) umworben hat. Was hier so grobe Werkzeuge wie Fackeln, Hebel und Bogen zu suchen haben, war mir zunächst nicht klar. Dann aber las ich, damit öffneten

sich stürmische Liebhaber im alten Rom mit brachialer Gewalt verschlossene Türen. Mit den Fackeln steckten sie die in Brand, brachen sie mit Brecheisen auf, oder sie bedrohten die Türhüter mit dem Bogen. Bei Numberger steht: Das sei in Rom „nichts Unerhörtes" gewesen. („Toll trieben es die alten Römer" war der Titel eines Films, den ich mal zu meiner Studentenzeit gesehen habe.)
In der zweiten Strophe geschieht dann etwas, was man bei Enttäuschten sehr oft beobachtet: Die Depression wandelt sich auf einmal in Aggression. Horaz bittet nun auf einmal die Göttin, die böse Chloe für ihre Untreue anständig zu bestrafen. Einmal nur, soll sie ihre Geißel schwingen und „Chloe arrogantem" damit schlagen. Er denkt offenbar: Ein einziger Schlag der Göttin dürfte so gewaltig sein, das Chloe genug hat.

So wörtlich wie möglich:

Jüngst lebte ich als Held der Frauen noch,
Wo stets das Kriegsglück hold war mir,
Nun bin ich kampfesmüder Veteran jedoch!
Dich Laute häng ich drum der Venus hier
der meerentstiegenen Göttin, gleich zur Linken
an geweihte Wand.
Dazu die Fackeln, Hebel und den Bogen,
Keine verschlossene Tür euch jemals
widerstand.

Die du in Cyprus seligen Hainen wohnst, sei mir gewogen
Göttin aus Memphis, wo nie stöbert der Sithonerschnee,
O Herrin, triff die Unverschämte, die mich so getrogen
Einmal nur schwing die Geißel, schlag damit Chloe!

So frei wie eigentlich nicht nötig

Die letzte Woche hat das Liebesglück mir noch gelacht,
Jetzt, ein paar Tage später, ich hätt´s nie gedacht,
Jetzt sitze deprimiert ich hier,
Lass alles hängen und sinnier,
Wie schlecht und hinterrücks die ganze Welt!
Besonders du – du hast mich kaltgestellt.

Ich werfe nun aus meinem Haus,
Das, was mich noch an dich erinnert raus.
Dein Haarspray und dein Bild, dein Lippenstift,
Das alles ist für meine Seele pures Gift!
Mein Schatz, ich wünsche dir von Herzen alles Schlechte!
Nur eines gibt´s, das ich noch möchte,
Und dieses sag ich jetzt ganz unverhohlen:
Dir Miststück möchte ich den Po versohlen!

Ähnlich: Noch´n Gedicht von Heinz Erhard
Der macht darin eine ähnliche Kehrtwendung wie Horaz.

Der Einsame

Einsam irr ich durch die Gassen,
durch den Regen, durch die Nacht.
Warum hast Du mich verlassen,
warum hast Du das gemacht?

Nichts bleibt mir, als mich zu grämen!
Gestern sprang ich in den Bach,
um das Leben mir zu nehmen;
doch der Bach war viel zu flach.

Einsam irr ich durch den Regen,
und ganz feucht ist mein Gesicht
nicht allein des Regens wegen,
nein, davon alleine nicht.

Wo bleibt der Tod in schwarzem Kleide?
Wo bleibt der Tod und tötet mich?
Oder besser noch: uns beide?
Oder besser: erst mal Dich?

I.33 Die Liebe ist ein seltsames Spiel
Albi, ne doleas plus nimio inmitis

Albi, ne doleas plus nimio memor
inmitis Glycerae neu miserabiles
decantes elegos cur tibi iunior
    laesa praeniteat fide.

Insignem tenui fronte Lycorida
Cyri torret amor, Cyrus in asperam
declinat Pholoen: Sed prius Apulis
    iungentur capreae lupis,

quam turpi Pholoe peccet adultero.
Sic visum Veneri, cui placet inpares
formas atque animos sub iuga aenea
    saevo mittere cum ioco.

Ipsum me melior cum peteret Venus
grata detinuit compede Myrtale
libertina, fretis acrior Hadriae
    curvantis Calabros sinus.

So wörtlich wie möglich

Ach, armer Albius, du leidest allzu sehr,
Denk an die schlimme Glyzera nicht mehr
Und sinne nicht in dumpfen Elegien darüber nach,
Warum mit einem Jüngeren sie dir die Treue brach.

Da ist die wunderschöne Lykoris, die sehr in Liebe für den Kyros glüht,
Doch Kyros nur die spröde Phlogoe sieht.
Doch eher wohl vermählst apulische Wölfe du mit Ziegen,
als Phlogoe, diesem eitlen Kyros tät erliegen.

Es wollt der grausam grillenhaften Venus immer schon gelingen
Ungleiches unters gleiche, harte Joch zu zwingen.
Auch mir hätt´ eine bessere Liebe mal gelacht,
Hätt ich Myrtale damals nicht den Hof gemacht.

Die Freigelassene die mit süßen Fesseln mich gebunden,
Bei der ich Leidenschaft empfunden,
Als wenn die Adria vom Sturme aufgewühlt,
Kalabriens Buchten unterspült.

So frei wie eigentlich nicht nötig:

Ach Albert, warum quälst du dich so wegen
Suse
Lass sie doch laufen, diese dumme Tusse,
Wenn ihr ein anderer besser jetzt als du gefällt,
Bloß weil der jünger ist und hat viel Geld.

Die Lisa schwärmt für Robert, aber der
Steigt ständig nur der Friederike hinterher,
Die wieder zeigt die kalte Schulter ihm, ist
spröde,
Sie wäre ja auch ganz schön blöde,

Fiel sie auf Robert, diesen Macho rein,
Da müsste sie ganz schön meschugge sein!
Die Liebe – das ist allen wohlbekannt –
Raubt oft den klügsten Menschen den Verstand.

Mit Ruth ich selber bestens wohl bedient
gewesen wäre,
Klug war die, hübsch – doch dann begann ich
die Affäre,
Mit diesem flotten Partygirl - das war sehr
dumm von mir, ich weiß.
Doch meine Güte – war die Kleine heiß!

III.12 Großer Kummer einer sehr bedauernswerten Kleinen
Miserarum est neque amori

Miserarumst nequ' amori
    dare ludum neque dulci
mala vino laver' aut ex-
    animari metuentes
patruae verbera linguae.

Tibi qualum Cythereae
    puer ales, tibi telas
operosaeque Minervae
    studi' aufert, Neobule,
Liparaei nitor Hebri,

simul unctos Tiberinis
    umeros lavit in undis,
eques ipso melior Bel-
    lerophonte, neque pugno
neque segni pede, victus

catus idem per apertum
    fugientes agitato

grege cervos iacular' et
    celer arto latitantem
fruticet' exciper' aprum.

So wörtlich wie möglich

Die „arme Neobule" die H. in dieser Ode anspricht, dürfen wir wohl symbolisch für die braven, wohlerzogenen Mädchen im alten Rom sehen.
„Ein Mädchen darf, ja was es meint, zur Häfte nur bekennen", klagt die Marzelline in Beethovens Fidelio. Die Mädchen im alten Rom, die sich an den vorhgeschriebenen Sittencodex hielten, durften nicht einmal das. Die durften gar nichts. Die waren zu Diensten Minervas verdonnert. Minerva war die Göttin des Hauswesens. Und die Alten so wie hier der alte Onkel der armen Neobule, die wachten da auch streng darüber. Aber da gab es unter den römischen Mädchen sicher auch „solche und solcche. Ich bezweifele stark, dass das Mitgefühl, das H. hier dieser Neobule gegenüber zeigt, wirklich echt ist. Irgendwie spürt man da zwischen den Zeilen doch ganz deutlich Spott auf die tugendsamen Mädchen, die sich brav an diesen strengen Codex hielten: „Wenn ihr so brav seid, wie man es von euch verlangt, kriegt ihr nie einen Mann!" (Zu mindest keinen wie Horaz, den man wohl hinter dem Hebrus aus Lipara vermuten kann.)

Oh, es ist arg, macht einem lieben Mädchen schlimm Verdruss,
Wenn es der Lust der Liebe und des Weines sich versagen muss
Und muss zu allen diesen argen Plagen
Des alten Onkels Schelten und Ermahnungen ertragen.

Arme Neobule, magst nicht mehr weben, nicht mehr nähen,
Die Arbeit der Minerva lässt du unverrichtet stehen,
Denn einer nimmt dir dran den ganzen Eifer da -

Der flotte Sohn der Venus, dieser Hebrus dort
aus Lipara

Er, der dir Herz und Sinn so ganz gefangen
nimmt,
Wenn mit gesalbtem Körper er im Tiber
schwimmt;
So flink wie Bellerophontes ist er auf dem Ross,
Im Faustkampf und im Wettlauf beispiellos!

Mit sicherem Speerwurf er den Hirsch erlegt,
Der flinken Fußes stäubend durch das Blachfeld
fegt,
Verfehlt mit seinem Jagdspieß auch den Eber
nicht,
Der schnaubend aus dem dunklen Dickicht
bricht.

So frei wie eigentlich nicht nötig

Ach, arme kleine Adelheid,
Du tust mir wirklich herzlich leid.
Sitzt schmollend nur daheim, weil's keinen gibt,
Der dich, du armes Mädchen, wirklich liebt,
Und dazu werden dir noch von den Alten
Böse Gardinenpredigten gehalten!
Sie schreiben vor, ununterbrochen fast,
Was du zu tun, und was zu lassen hast.

Du lässt dich freudlos hängen, lässt dich gehen,
Lässt alles liegen, alles stehen,
Es gibt gar nichts, das dich erheitern kann,
Denn du denkst nur noch an den schönen
Jonathan.
Der ist ja auch ein Traum von einem
Mannesbild,
Wenn er mit seinen starken Muskeln spielt.
Er ist der große Star beim Triathlon,
Läuft auch erfolgreich Marathon,
Trifft sicher stets in Schwarze nur beim Dart,
Auf Parties zeigt er sich galant und smart,
Die Mädchenherzen reihenweis er bricht,
Nur – leider – dich bemerkt er nicht!

Abgesang

**II,13 Der Unglücksbaum
oder
Quintus Horatius Flaccus schaut ins Paradies**
Ille et nefasto te posuit die,

Ille et nefasto te posuit die,
quicumque primum, et sacrilega manu
produxit, arbos, in nepotum
perniciem opprobriumque pagi;

illum et parentis crediderim sui
fregisse cervicem et penetralia
sparsisse nocturno cruore
hospitis; ille venena Colcha

et quidquid usquam concipitur nefas
tractavit, agro qui statuit meo
te, triste lignum, te caducum
in domini caput inmerentis.

quid quisque vitet, numquam homini satis
cautum est in horas. navita Bosphorum
Poenus perhorrescit neque ultra
caeca timet aliunde fata,

miles sagittas et celerem fugam
Parthi, catenas Parthus et Italum
robur: sed inprovisa leti
vis rapuit rapietque gentis.

quam paene furvae regna Proserpinae
et iudicantem vidimus Aeacum
sedesque discretas piorum et
Aeoliis fidibus querentem

Sappho puellis de popularibus,
et te sonantem plenius aureo,
Alcaee, plectro dura navis,
dura fugae mala, dura belli.

utrumque sacro digna silentio
mirantur umbrae dicere, sed magis
pugnas et exactos tyrannos
densum umeris bibit aure volgus.

quid mirum, ubi illis carminibus stupens
demittit atras belua centiceps
uris et intorti capillis
Eumenidum recreantur angues?

quin et Prometheus et Pelopis parens
dulci laborem decipitur sono
nec curat Orion leones
aut timidos agitare lyncas.

Diese Ode habe ich als „Abgesang" am Ende gewählt, weil Horaz sich in ihr auch mit dem Ende beschäftigt. Ein Baum, der auf seinem Gütchen im Sabinergebirge auf einmal umgefallen ist, hat ihn zu solchen Gedanken veranlasst. Horaz glaubt, dass der ihn beinahe erschlagen hätte.

Jetzt habe ich wieder unseren guten Dr. Knorr im Ohr, wie der uns damals im Unterricht den Inhalt dieser Ode erzählt hat: „Zuerst macht er sich da mal seine Gedanken, über den, der den gepflanzt hat: „Donnerwetter, das muss aber ein übler Kerl gewesen sein,", und er dichtet dem erst mal alle möglichen Untaten an, die der ausgefressen haben könnte; unter anderem Vatermord und Ermordung eines Gastfreundes – die schlimmsten Verbrechen bei den Römern. Aber dann überlegt er sich: Wenns mich jetzt erwischt hätte und ich wär ins Elysium gekommen, wem wäre ich da wohl alles begegnet? Daran begeistert er sich dann so sehr, dass man am Schluss fast meint, er bedauert es, dass er noch lebt."

So wörtlich wie möglich:

Der Tag, wo du gesetzt bist, war verflucht,
Und jener, der dich pflanzte, war verrucht.
Er tat es, Baum, als Fluch für seine Erben,
Und auch dem ganzen Land hier zum Verderben.

Es hat wohl jener seinerzeit in schwarzer Nacht
Den eigenen Vater umgebracht,
Dem Fremdling falsche Gastfreundschaft geheuchelt
Und ihn mit Kolchischen Giften dann gemeuchelt!

Wohl jeden Frevel, den es irgend gibt,
Hat dieser schlimme Mensch verübt,
Und dich, du Unglücksbaum, hat er in jenen Tagen
Nur mit dem Ziel gesetzt, mich, seinen guten Herren, zu erschlagen.

Dem Menschen tut sein Schicksal niemals kund
Was ihm wohl schlagen wird die nächste Stund.
Wenn auch der punische Seemann sonst nichts fürchten muss,
Erbebt er vor der Enge doch des Bosporus.

Der Römer flieht in Furcht den jähen Todespfeil,
Des flinken Parthers, dieser flieht in Windeseil,
Vor römischen Ketten und Gefangenschaft,
Doch keiner flieht den Tod, der ganze Völker hingerafft.

Ich war schon deinem dunklen Reich so nah,
Du finstere Proserpina!
Fast sah ich schon Aeakus auf dem Richterstuhle thronen,
Hätt beinah schon das Reich betreten, da die Sel´gen wohnen. (1)

Mir wären wohl der Sappho Lieder dort erklungen,
Die klagend ihren Mädchen sie gesungen,
Ich hörte dort wohl auch Alkäus (2) Lieder klingen,
Von Meeresschrecken, Krieg und Leiden singen.

Gebannt steht rings in dicht geschlossener Enge
Gedrängt der Schatten stumme Menge,
Lauscht mit begierigem Ohr der Lieder Klang,
Die singen von Tyrannenmord und Schlachtgesang.

Da senket selbst die schwarzen Ohren mit Genuss,
Der hundertköpfige Cerberus
Und auch das wilde Schlangenheer,
Im Haar der Furien ringelt sich nicht mehr.

Und bei der Leier lieblich holdem Klang
Vergisst Prometheus seiner Qual so lang,
Und auch Orion, hingegeben träumt,
Dass er die Luchs- und Löwenjagd versäumt.

> (1) Aeakus (gr. Aiakos) war Richter i.d. Unterwelt. Er entschied über Belohnung oder Bestrafung. Horaz scheint überzeugt gewesen zu sein, dass A. ihn in das Elysium gelassen hätte.
> (2) Gemeint ist höchstwahrscheinlich wieder der Lyriker Alkaios v. Lesbos

So frei wie eigentlich nicht nötig

In dieser letzten Travestie werde ich so frei wie eigentlich *gar* nicht nötig und erfinde (nach der Markierung) meinen eigenen Schluss dazu, der bei Horaz nun wirklich so nicht steht.

Der orientiert sich ja am Ende sehr am Jenseits und scheint sich – wie Dr. Knorr damals ja schon sagte – an seinen Gedanken daran fast so zu berauschen, dass er schon bedauert, dass er noch lebt.
Mein Schluss orientiert sich am Diesseits und schließlich lasse ich das Ganze noch mit einem Zitat von Heinrich Heine enden, so wie Horaz wohl gerade eben nicht gedacht hat. Aber Travestie heißt schließlich ganz wörtlich übersetzt „Umkehrung" - ich denke doch, da darf man das!

Was war denn das für ein Idiot?
Der Kerl fuhr mich doch beinah tot!
Da fehlten ja – das sah ein jeder –
Doch höchstens ein paar Zentimeter!

Wohl einer, der um nichts sich schert?
Der glaubt, bloß weil er Porsche fährt,
Da gelte für ihn keine Regel.
Das säh ihm ähnlich, diesem Flegel!

Das war ein Fall, der deutlichs demonstriert,
Wie schnell dem Menschen was passiert,
Man denkt mit kaltem Graus daran,
Wie schnell das Leben aus sein kann.

Und der Gedanke, dass sein Ende,
Schon näher als er glaubt sein könnte,
Treibt manchen schnell in die Neurose,
Den andren gar in die Psychose.

Doch wär ich jetzt, stell ich mir vor,
Gegangen durch das Himmelstor,

So macht mich der Gedanke nicht verrückt.
Zum Teil bin ich sogar entzückt!

Wen hätt ich im Elysium angetroffen?
Vielleicht den Schiller und Beethoven,
Die dort gesungen „feuertrunken"
Ihr „Freude schöner Götterfunken".

Dann wäre ich auf Wolke sieben,
Bei denen sicher auch geblieben
Und hätte da von meinen Oden,
Noch einige mit dazu geboten,

Der Himmel hätt von diesen Sängen
Getönt in holden Sphärenklängen
Die Englein, lauschten selig meinen Worten,
Und wär´n noch seliger geworden.

---- Mein Schluss -------

Der Große wär ich wohl gewesen, doch
Lieber ist mir´s, ich lebe noch
Und bin auf Erden nur der Kleine!
Ich sage da mit Heinrich Heine:

„Der Pelide sprach mit Recht:
Leben wie der ärmste Knecht
In der Oberwelt ist besser,
Als am stygischen Gewässer
Schattenführer sein, ein Heros,
Den besungen selbst Homeros."

Zum (hoffentlich) guten Schluss noch
Ein Epilog von mir

So, das war´s. Wer jetzt mein Elaborat für einen fürchterlichen Schmarren hält, dem empfehle ich dafür die grüne Tonne.
Über die aber, die etwas Spaß daran gehabt haben freue ich mich und bedanke mich ganz herzlich bei ihnen.
Wenn sich vielleicht der ein oder andere sogar dazu entschließen sollte, das hier aufzuheben, oder gar in seinen Bücherschrank zu stellen, freut mich das ganz besonders. Bei denen bedanke ich mich noch einmal extra mit den Schlussversen der Ode I.1, so wie ich sie übertragen habe:

Und zählst du mich, Mäcenas zu den Dichtern,
Erheb ich stolz mein Haupt bis zu den Sternenlichtern.

Mir jedenfalls hat es großen Spaß gemacht und irgendwie habe ich richtig Lust bekommen, vielleicht irgendwann mal wieder so was zu machen.
In meiner Bücherwand habe ich noch einen kleinen Band mit Liebesgedichten von Catull entdeckt. Vielleicht mache ich mich auch mal da dran. Oder bin ich dafür doch schon zu alt?
Na, dann! Auf Wiederlesen!